Genre, pouvoir et changements dans le secteur de la santé dans l'Union européenne

Paola Vinay, Prospecta, Ancona

Emploi & affaires sociales

Égalité des chances et politique familiale

Commission européenne
Direction générale «Emploi, relations industrielles
et affaires sociales»
Unité V/D.5

Manuscrit terminé en avril 1997

Le présent rapport a été financé par la direction générale «Emploi, relations industrielles et affaires sociales» de la Commission européenne et établi pour être utilisé à ses propres fins. Il ne représente pas nécessairement la position officielle de la Commission européenne.

Ce document est une synthèse de:
Paola Vinay, Prospecta, avril 1997, *Women in decision-making in the health institutions of the European Union,* Commission européenne (V/5806/97-EN).

Le chapitre 1 a été rédigé par Massimo Paci. Les chapitres 2 à 5 ont été rédigés par Paola Vinay.

Photo de couverture: *Training Little Medics, Pictures by Chinese Children,* Foreign Languages Press, Peking, 1976.

De nombreuses autres informations sur l'Union européenne sont disponibles sur Internet via le serveur Europa (http://europa.eu.int).

Une fiche bibliographique figure à la fin de l'ouvrage.

Luxembourg: Office des publications officielles des Communautés européennes, 1997

ISBN 92-828-1363-0

Printed in Belgium

Sommaire

Préface

L'objectif de la recherche présentée ici était d'analyser l'accès des femmes aux postes décisionnaires de haut niveau dans les institutions de santé dans les 15 états membres de l'UE et dans l'Union Européenne. Nous n'avons étudié que le secteur public de la santé, y compris les institutions "semi-publiques" telles que les Associations Mutualistes de Santé et les Caisses de Maladie, laissant de côté le secteur privé, qui, de toutes façons, est minoritaire dans tous les pays de l'UE. Plus précisément, nous avons étudié l'accès des femmes aux institutions suivantes :

- les principaux organismes politiques (Ministère de la Santé ; Comités Parlementaires de la Santé ; Autorités Politiques Régionales) ;

- les institutions administratives centrales (Directions Générales du Ministère de la Santé ; les postes les plus élevés des Assurances de Santé Publique ou des Caisses Maladie) ;

- les principaux Syndicats Médicaux Nationaux ou Associations ;

- les principaux organismes de conseil ou de concertation dans le secteur de la santé ;

- la direction des cinq plus grands hôpitaux de chaque pays.

Cette étude présuppose une compréhension élémentaire du fonctionnement des systèmes de santé des états membres de l'UE. La première tâche de cette étude a donc été de faire la description des systèmes de santé des 15 pays et d'établir une "carte" des principales institutions de santé dans chacun d'eux.

Toutefois, cette étude a été principalement orientée sur les obstacles qui empêchent les femmes d'être bien représentées et le rôle des femmes dans la prise de décisions de santé. Nous avons suivi trois étapes pour ce faire. Tout d'abord, avec la contribution capitale des experts nationaux du Réseau Européen "Les femmes et la prise de décision", nous avons réuni les informations disponibles sur la participation des hommes et des femmes aux postes de haut niveau. Nous avons ainsi été capables de dresser une liste d'environ mille femmes à des postes de haut niveau dans les 15 systèmes de santé de l'UE. Ensuite, nous avons adressé un questionnaire à ces femmes (ainsi qu'à mille hommes occupant des postes identiques) afin de réunir des informations sur les facteurs qui empêchent les femmes d'être plus nombreuses aux postes ayant un pouvoir décisionnaire et sur leur rôle dans la santé.

La troisième étape a consisté à faire une "étude qualitative" en Suède, en France et en Italie, grâce à un certain nombre d'entretiens "libres" avec des femmes occupant des postes élevés dans le secteur de la santé. Ces trois pays ont été choisis parce qu'ils représentent assez bien les trois principales catégories de systèmes de santé que l'on trouve actuellement dans l'UE : en fait, la Suède représente le type "universel" de système de santé que l'on retrouve souvent dans les pays du nord de l'UE, alors que la France représente plutôt le système "professionnel" que l'on retrouve dans la plupart des pays de l'Europe centrale, et que l'Italie représente le type "mixte" de système de santé (à mi-chemin entre le système "professionnel" et le système "universel") qui caractérise les états membres du sud de l'Europe.

Pour finir, en conclusion générale, nous débattons de quelques propositions de politiques.

Chapitre 1

INSTITUTIONS DE SANTE DANS LES ETATS MEMBRES DE L'UE

1.1 Modèles de systèmes de santé

Chaque pays de l'UE gère des services destinés à protéger ou à optimiser la santé publique dans des domaines tels que l'aspect sanitaire, l'approvisionnement en eau et l'hygiène alimentaire. Chaque pays dispose en outre de nombreux services médicaux institutionnels sous la forme d'hôpitaux publics, avec du personnel médical public local ou municipal. Ceci étant dit, il existe néanmoins des différences significatives entre les différents systèmes de santé des pays de l'UE.

On peut trouver une explication à partir de la façon dont les différentes sociétés européennes ont essayé (ou se sont abstenues) de réglementer l'interaction entre les malades et les services de santé. La première étape importante dans le développement de la politique sanitaire, depuis Bismarck, a été de sélectionner certaines catégories de la population pour un traitement de faveur, en introduisant les premiers plans d'assurance sociale. (Les employés en particulier ont fait l'objet de cette attention). L'étape suivante, réalisée principalement après la seconde guerre mondiale et adoptée à des degrés variables par les pays européens, a consisté à l'élargissement de la couverture de cette politique, passant de la couverture catégorielle (ou professionnelle) à celle de toute la population ou couverture "universelle" (Flora Heidenheimer, 1981).

Deux principaux "modèles de couverture", peuvent donc être identifiés : le modèle "professionnel" (ou "corporatiste" et le modèle "universel" (ou "institutionnel"). Sous le modèle "universel (ou institutionnel), l'objet principal de la couverture publique est le citoyen : tous les citoyens sont couverts de la même manière indépendamment de leur travail ou de leur situation familiale, alors que le financement provient des impôts sur les revenus généraux. Dans les pays où ce système est enraciné de longue date (Suède et Royaume Uni par exemple), il a engendré des systèmes nationaux d'assurance santé obligatoire ou des Services Nationaux de Santé, directement dirigés par l'Etat. Sous le modèle professionnel (ou corporatiste), l'objet de la couverture n'est pas le citoyen, mais le travailleur qui paie une contribution à partir de son revenu salarié à une "caisse maladie" (ou à des assureurs), selon sa catégorie d'emploi, alors que la population non active peut avoir acquis le droit de couverture en tant que retraité, ou en tant que membre de la famille à la charge du chef de famille (L'Allemagne et la France ont par exemple traditionnellement développé ce modèle).

De plus, les états qui ont un modèle de couverture universelle (la Suède, le Danemark, le Royaume Uni, l'Irlande et, dans une moindre mesure, la Finlande), sont aussi ceux où la principale source de financement est l'impôt sur les revenus généraux. Au contraire, les cotisations payées aux caisses maladie constituent le moyen de financement le plus courant dans les pays qui ont un modèle de couverture professionnelle (l'Autriche, l'Allemagne, la France, la Belgique, les Pays Bas et le Luxembourg).

Néanmoins, il y a quelques exceptions à cette tendance. En fait, les pays du sud de l'Europe (la Grèce, l'Italie, le Portugal et, dans une moindre mesure, l'Espagne), bien qu'ils aient un modèle de couverture universel dans les textes, s'appuient toujours en grande partie sur les contributions pour financer leurs systèmes. De plus, dans les pays d'Europe du sud, le service de santé national "sous-traite" à des centres privés (les *conciertos* en Espagne, les *centri convenzionati* en Italie) toute une gamme de services : depuis les tests de diagnostics à la petite et moyenne chirurgie (Ferrera, 1995). Pour ces pays, donc, nous pouvons identifier un modèle de couverture "mixte" : celui-ci est universel ou "institutionnel", mais en fait il tire une importante proportion de son financement des contributions payées par les groupes professionnels, et "sous-traite" de nombreux services de soins publics à des organismes privés.

Une autre caractéristique institutionnelle du système de santé à prendre en compte, c'est l'importance de la délégation de pouvoir à des autorités décentralisées. D'un côté, en Suède, la gestion de la santé est fortement décentralisée à la fois fonctionnellement et géographiquement : les conseils des Comtés, par exemple, prélèvent leurs propres impôts pour la santé. De l'autre côté, en France, malgré les gros efforts récents de décentralisation, l'administration de la santé reste unitaire et centralisée : les autorités politiques locales n'ont que des responsabilités mineures en matière de soins. Au contraire, en Allemagne et en Italie, les autorités régionales ou locales ont leur propre administration indépendante pour la santé.

La description des systèmes de santé des 15 pays de l'UE, présentée au cours des pages précédentes, peut se résumer par un schéma synthétique, faisant référence au modèle de couverture et à l'importance de la délégation de pouvoir décisionnaire à des autorités « subnationales » (cf. figure 1).

Fig. 1 **Répartition des systèmes de santé des pays membres de l'UE selon le modèle de couverture et l'importance de la délégation de pouvoir à des autorités « subnationales ».**

Modèle de couverture	*Importance de la délégation*	
	forte	*faible*
"Universel" :	Danemark, Finlande Irlande, Suède	Royaume Uni
"Professionnel" :	Autriche, Belgique, Allemagne	France, Luxembourg, Pays-Bas
"Mixte" :	Italie, Portugal*, Espagne*	Grèce

* Délégation partielle

1.2 Les acteurs politiques et sociaux

De nombreux "acteurs" politiques et sociaux jouent un rôle sur la scène nationale de la santé. Les autorités politiques centrales, bien sûr, (c'est à dire le Ministère de la Santé et les Comités Parlementaires de la Santé), ont un rôle capital. Les autorités administratives de haut niveau (par exemple, les chefs des principaux départements du Ministère), et, (lorsqu'elles existent), les autorités politiques régionales autonomes (ou des comtés), jouent également un rôle important pour la politique et les politiques de santé. Il en est de même pour de nombreuses organisations "négociatrices" telles que les associations nationales médicales et les syndicats représentant le personnel de la santé, employeurs et employés. Les caisses de maladie sont encore importantes dans certains pays, bien que leur rôle soit de plus en plus limité à une fonction administrative. Les hôpitaux, en particulier les hôpitaux publics "régionaux", sont des centres de pouvoir importants au niveau local. Enfin, la multitude "d'organismes de concertation" (mis en place par les gouvernements comme comités de "conseil" ou comme représentants d'intérêts particuliers), ont également une influence sur le choix des politiques en matière de santé. Le développement de ces organismes est né de la nécessité de gérer les intérêts conflictuels de l'état, des employeurs et des salariés.

Une description synthétique du cadre institutionnel et des organismes dirigeants dans le système de santé est présentée dans la figure 2.

Fig. 2 **Cadre institutionnel et organismes dirigeants dans le système de santé**

	Décisions politiques	**Administration publique**	**Administration semi-publique et financement**	**Concertation et négociations**
Niveau national	Autorités politiques centrales *(Ministère de la Santé, Comités Parlementaires de la Santé)*	Administration centrale de la santé *(Directeurs Généraux)*	Organismes d'assurance santé et caisses de maladie *(Comité exécutif)*	- Organismes de concertation *(membres)* - Associations médicales et syndicats *(Comité exécutif)*
Niveau régional	Autorités politiques locales *(idem niveau national)*	Principaux hôpitaux publics *(Conseils d'administration)*		

Alors que le Ministre de la Santé est choisi par le Premier Ministre, les membres des comités parlementaires de la santé sont choisis par les groupes parlementaires et, en dernière analyse, par les députés qui appartiennent aux différents partis politiques du Parlement (Il en va de même, bien sûr, pour les autorités politiques régionales). Nous pouvons appeler ceci "le canal politique", pour la prise de décision de haut niveau en matière de santé.

En ce qui concerne les "organes de concertation", leurs membres peuvent être des politiques, des fonctionnaires, des représentants de groupes d'intérêt ou "des experts". Ils sont mis en place, généralement, par le Ministre lui-même. Ils peuvent être choisis soit comme individus, porteurs d'une expertise spécifique en matière de santé, soit comme individus incorporés dans des organisations attachées à d'autres secteurs d'intérêt importants dans le domaine de la santé.

Nous pouvons appeler ceci "le canal corporatiste" pour la prise de décision de haut niveau en matière de santé.[1]

Les principaux Directeurs des divers services administratifs (ou "départements") du ministère de la santé sont généralement choisis par promotion interne dans la structure administrative, et ceci constitue, bien sûr "le canal administratif" pour la prise de décision de haut niveau en matière de santé. (Dans certains pays, cependant, les Directeurs Généraux du ministère de la santé sont nommés par le Ministre lui-même, qui peut les choisir en dehors de la structure administrative).

Dans les organismes administratifs "semi-publics", tels que les caisses de maladie (ou autres système d'assurance obligatoire similaire), le choix du personnel aux postes élevés (Président, Vice-Président, et membres du conseil d'administration) peut être fait soit par "le canal administratif" soit par "le canal corporatiste" : en fait, la haute direction des caisses de maladie peut être recrutée parmi les grades élevés de l'administration de la caisse elle-même ou parmi les représentants d'intérêts particuliers spécifiques (comme les assureurs et les assurés, c'est-à-dire les associations des employeurs et des salariés).

Enfin, le choix des postes décisionnaires dans les hôpitaux publics peut suivre le canal "politique", "corporatiste", ou "administratif" et le président du comité exécutif peut être un médecin, en tant que directeur médical, ou un fonctionnaire, ou un directeur d'entreprise.

Dans ce chapitre, nous avons analysé les modèles de couverture et de financement et l'importance de la délégation de pouvoir parmi les 15 systèmes de santé des Etats membres de l'UE[2]. Nous avons également identifié les principales institutions de santé et les "filières" conduisant aux postes de décision. Il sera intéressant de vérifier, à la fin de notre étude, comment la représentation des femmes dans le processus de prise de décision dans le secteur de la santé est influencée par ces caractéristiques institutionnelles.

---

[1] L'accès aux postes décisionnaires à travers le "canal corporatiste" semble être plus difficile pour les femmes. Sur un total de 171 "organes consultatifs" dans tous les ministères hollandais, étudiés en 1987, le pourcentage moyen des femmes n'était que de 10,5 %, c'est à dire ".... considérablement inférieur à la participation des femmes dans la plupart des autres secteurs du système politique aux Pays-Bas" (Oldersma, 1992, p. 4).

[2] Pour une brève description du système de santé de chaque Etat membre, sur la base de laquelle cette synthèse a été faite, voir M. Paci in Vinay-Prospecta 1997 chapitre 2.

Chapitre 2

LES FEMMES ET L'EMPLOI ET LA PRISE DE DECISION DANS LE SECTEUR DE LA SANTE

2.1 L'emploi des femmes dans le secteur de la santé

Il existe des différences considérables parmi les Etats membres de l'Union Européenne dans l'accès des femmes sur le marché de l'emploi formel et en particulier pour les emplois traditionnellement "non féminins". Malgré l'évolution rapide à laquelle nous assistons, il reste une énorme disparité dans l'égalité des chances pour les femmes dans les pays du sud et du nord de l'UE. Cependant, comme le montrent le travail de recherche du réseau européen "Les femmes et la prise de décision", parmi les Etats membres, il y a aussi des similitudes persistantes qui limitent l'égalité des chances des femmes pour les postes les plus élevés et le pouvoir décisionnaire.

L'emploi dans la santé s'est considérablement développé au cours des vingt dernières années dans tous les Etats membres. Entre 1970 et 1990, l'emploi dans ce secteur a triplé ou pratiquement triplé en Italie et en Grèce, il a doublé ou pratiquement doublé en Allemagne, en Finlande, en Suède et au Portugal et il a également considérablement augmenté au Royaume Uni, en Irlande et au Danemark. Cette forte augmentation a favorisé l'emploi des femmes partout. En 1981-1982, les femmes constituaient déjà la majorité des emplois de santé dans tous les 15 Etats membres de l'UE. Le problème est de savoir si ce développement général des emplois a également amélioré l'accès des femmes aux postes de haut niveau et de direction.

Aujourd'hui, les femmes ont atteint des niveaux d'études supérieurs à ceux des hommes et sont présentes dans toute la gamme des professions de la santé. Dans tous les Etats de l'UE, les femmes représentent plus de 60 %, souvent les deux tiers, de l'emploi total de la santé. Notre étude, cependant, concerne les positions les plus élevées, c'est-à-dire les centres de pouvoir et de prise de décision en matière de santé, et dans ce domaine, leur participation est encore loin d'être satisfaisante dans tous les pays de l'UE.

Traditionnellement, les médecins jouent un rôle décisionnaire important dans les politiques et l'administration de la santé. De ce point de vue, nous pouvons considérer le pourcentage de femmes médecins comme premier indicateur approximatif de la participation des femmes aux postes de niveau moyen à élevé. Au cours des dernières décennies, le nombre de femmes médecins a augmenté dans de nombreux pays. En Finlande, par exemple, 55 % des nouveaux diplômés en médecine en 1992 étaient des femmes, et en France le pourcentage de femmes étudiantes en médecine a augmenté, passant de 44 % à 50 % entre 1982-83 et 1993-94. Malgré cette augmentation du nombre de femmes médecins, jusqu'à présent, la proportion de femmes médecins par rapport au nombre total de médecins reste inférieure à 50 % dans tous les pays de l'UE. Il y a une forte disparité entre les Etats membres : la proportion la plus basse se trouve en Belgique et en Italie, avec une participation des femmes qui n'atteint même pas un quart du nombre total des médecins. Les proportions les plus hautes se trouvent : en Finlande (42,4 %), au Portugal (40 %) et en Suède (34 %) ; dans tous les autres pays, cette proportion varie entre 26 et 30 %. La disparité parmi les Etats membres s'élève à 20 %.

La disparité entre les sexes dans l'emploi peut être encore plus forte si nous détaillons les groupes professionnels concernés par la santé. Si les postes les plus élevés sont étudiés plus en détail, nous remarquons que la présence des femmes est très minime, en particulier dans les groupes professionnels qui détiennent le pouvoir décisionnaire : souvent leur proportion en tant que médecins chefs et directeurs administratifs supérieurs est très faible. Par exemple, dans les 208 Unités Locales de Santé du Service National de Santé Italien, il n'y a que 2,9 % des directions générales, 4,5 % des directions administratives et 8,4 % des directions sanitaires qui soient confiées à des femmes. Il se passe la même chose avec les hôpitaux, avec seulement 3,6 % des directeurs généraux, 4 % des directeurs administratifs et 11,8 % des directeurs sanitaires qui sont des femmes. En Autriche, d'après les informations données par l'Ordre National des Médecins, les femmes représentent 46 % des médecins stagiaires, 34 % des praticiens, et seulement 5 % des médecins chefs. On a des données similaires pour l'Allemagne.

En ce qui concerne les différents groupes professionnels, la proportion de femmes est supérieure parmi les biologistes, les psychologues, les psychomotriciens, et les femmes constituent partout la majorité des infirmiers et des autres professions de santé non médicales. Par exemple en Espagne, bien que les femmes représentent plus de 60 % du tout le personnel employé au service national de santé INSALUD, le taux des femmes médecins est de 28 %, alors que le taux de femmes employées dans les autres professions de santé s'élève à 98 %. En France, les femmes constituent 28 % des médecins généralistes exerçant leur profession, mais elles constituent environ 75 % des psychologues-analystes, du personnel de réadaptation et de diététique, 85 % des cadres infirmiers et presque 100 % des sage-femmes et du personnel en puériculture.

Au Royaume Uni, les femmes constituent 78 % du personnel du Service National de Santé et 89 % du personnel non médical. Entre 1984 et 1994, le pourcentage des femmes médecins est passé de 23 à 30 %, mais seulement de 13 à 18 % des spécialistes. Toujours au Royaume Uni, le pourcentage de femmes varie en fonction des différentes spécialisations médicales : en 1994 par exemple, les femmes ne correspondaient qu'à 7 % des chirurgiens (c'est-à-dire le même pourcentage qu'en 1984), alors qu'elles représentaient environ 50 % des pédiatres. De même, en Irlande, les femmes représentent 39 % des psychiatres, mais seulement 3 % des chirurgiens. Et enfin en Suède, comme dans les autres pays, les femmes dominent dans les professions de psychologie (74 %), de physiothérapie (88 %) et d'infirmier, mais elles ne représentent que 25 % des professeurs.

Ces données montrent qu'en matière de santé, comme dans les autres branches économiques, les femmes - malgré les changements survenus au cours des vingt dernières années, même lorsqu'elles atteignent les positions supérieures, semblent se heurter à un "plafond de verre".

2.2 Les femmes aux postes décisionnaires

Le pourcentage des femmes à des postes décisionnaires élevés est encore bien loin d'égaler celui les hommes dans la plupart des pays de l'UE. Les informations recueillies par les membres du Réseau ont permis de remplir plusieurs "tableaux par pays" indiquant le nombre d'hommes et de femmes aux postes décisionnaires les plus élevés dans les 15 pays de l'UE. L'analyse de ces données montre que, en majorité, les femmes sont fortement sous-représentées. Toutefois, il existe de grandes différences, en particulier en fonction du type d'institution de santé et de la "zone culturelle" d'Europe (nord, centre ou sud) en question.

a) Les institutions politiques
Les femmes sont relativement mieux représentées dans les organismes politiques que dans les institutions administratives, bien qu'il y ait des différences notables entre les états

membres de l'UE. Nous pouvons commencer par le rappel d'un bon résultat : 9 des 15 ministères de la santé de l'Union sont confiés à des femmes (en 1996). Si l'on tient compte, globalement, du Ministre de la Santé, des "sous-secrétaires" du Ministre et des membres des Comités Parlementaires de la Santé, le pourcentage de femmes est supérieur à 50 % dans 5 des 15 pays de l'UE (Suède, Finlande, Danemark, Pays-Bas et Allemagne), 45 % en Irlande et entre 32 et 40 % dans 4 autres pays (Belgique, Espagne, Royaume Uni et Autriche), alors qu'il est inférieur à 25 % au Luxembourg, en France, en Italie, au Portugal et en Grèce.

Tableau 1 - **Autorités politiques centrales (Gouvernement et Parlement). Répartition selon les sexes des postes les plus élevés dans l'Union Européenne et dans ses 15 Etats Membres, 1996**

PAYS	GOUVERNEMENT				COMMISSIONS PARLEMENTAIRES					TOTAL
	Ministre		Sous-secré-taire		Président		Membres		% F	% F
	H	F	H	F	H	F	H	F		
Danemark	-	1	1	-	-	1	13	15	54	53
Finlande	-	1	2	-	1	-	11	15	58	55
Irlande	1	-	1	-	1	1	19	17	47	45
Suède	-	1	5	14	1	-	8	8	50	64
RU	1	-	3	1	-	1	7	5	42	35
Autriche	-	1	-	3	1	-	25	13	34	40
Belgique	-	1	1	-	1	1	22	10	31	32
France	1	-	1	-	2	-	169	23	12	12
Allemagne	1	-	2	1	1	1	21	27	56	54
Luxembourg	1	-	8	4	1	-	10	1	10	21
Pays-Bas	-	1	2	2	-	2	18	19	51	52
Grèce	1	-	2	-	1	-	49	3	6	5
Italie	-	1	10	4	1	1	55	16	23	24
Portugal	-	1	1	-	1	-	18	3	14	17
Espagne	-	1	5	2	1	1	47	21	31	32
UE					1	-	25	20	44	

Source : Réseau Européen "Les Femmes et la Prise de Décision".

Si nous nous référons aux vingt-trois Comités ou Commissions Parlementaires qui font autorité en matière de santé, nous pouvons voir (tableau 1) que les femmes sont présidentes de 9 d'entre eux. De plus, dans cinq pays de l'UE (Finlande, Danemark, Suède, Pays-Bas et Allemagne), les femmes représentent 50 % ou plus des membres de ces Comités. Le pourcentage est légèrement supérieur à 40 % au Royaume Uni et au Parlement Européen, alors qu'il chute dans tous les autres pays, atteignant un pourcentage particulièrement bas pour le Portugal (14 %), la France (12 % avant les élections de 97), le Luxembourg (10 %) et la Grèce (6 %). Nous rappellerons à ce sujet que, comme nous l'avons vu à partir de l'Enquête sur la Prise de Décision des Femmes dans les Institutions Politiques, la représentation des femmes dans les Comités Parlementaires de la Santé est plus élevée que dans les autres Comités Parlementaires des états membres de l'UE. Il faut se souvenir également que les élections européennes de 1994 ont apporté une augmentation significative de la représentation des femmes au Parlement Européen (de 19,5 à 25,6 %) et, de là, dans la Commission Parlementaire qui fait autorité en matière de santé (de 26,8 à 44,4 %). Cette augmentation a été le résultat de la campagne de sensibilisation menée par le Réseau Européen conformément aux accords de la Conférence d'Athènes. Dans certains pays d'Europe, cependant, la représentation des femmes au Parlement est restée extrêmement faible ou même a diminué (comme ce fut le cas en Italie avec les élections de 1996).

b) L'administration centrale de santé

Il est plus difficile de comparer la représentation féminine dans les institutions administratives de santé des 15 Etats membres. En fait, il y a de grandes variations entre les pays dans l'organisation de l'administration nationale de la santé. La représentation des femmes dans la prise de décision administrative de la santé est inférieure à celle observée au niveau politique. Les directions générales et les sous-directions de l'administration d'état dans le secteur de la santé sont généralement confiées à des hommes. Les femmes se retrouvent plus souvent au niveau des "départements" administratifs, mais elles sont encore sous-représentées (voir tableau 2). Plus précisément, on ne trouve pas une seule femme au niveau des "directions générales" (c'est à dire au niveau le plus haut de l'administration nationale) dans un tiers des pays de l'UE (la Finlande, l'Autriche, la Belgique, les Pays-Bas et l'Italie). Si l'on tient compte également des "sous-directions" et des directions des départements, le pourcentage des femmes dépasse les 35 % dans six pays (la Suède, la Finlande, la France, le Luxembourg, l'Italie et le Portugal). Ce pourcentage est par contre inférieur à 22 % en Autriche, en Belgique, en Allemagne et aux Pays-Bas. (En outre, la représentation des femmes est plutôt insuffisante dans les directions du Conseil et du Comité du Parlement Européen traitant des affaires de santé).

Les femmes sont tout-à-fait sous-représentées également aux niveaux supérieurs des Caisses de Maladie et des Associations Mutualistes dans tous les pays de l'UE où ces institutions semi-publiques existent et ont un rôle important. Le pourcentage le plus élevé de femmes à des postes décisionnaires dans ces branches se trouve en Belgique (22 %), alors que dans les autres pays il est toujours inférieur à 15 %, tombant à 5 % en Allemagne.

c) Les hôpitaux et les autorités administratives locales

Les hommes sont plus nombreux également aux postes décisionnaires dans les hôpitaux et les principales autorités locales de santé. Le pourcentage des femmes parmi les dirigeants supérieurs des cinq plus grands hôpitaux de chaque pays de l'UE est presque partout inférieur à 40 %.

Tableau 2 - Administration Centrale de la Santé. Répartition entre les sexes des directions générales, des sous-directions, des directions des départements du Ministère de la Santé et des Assurances Nationales de Santé et des Caisses de Maladie, 1996.

PAYS	MINISTERE DE LA SANTE ET ASSURANCE NATIONALE DE SANTE								
	Directions Générales		Sous-directions		Directions des Départements		TOTAL		% F
	H	F	H	F	H	F	H	F	
Danemark	4	3	2	-	59	10	65	13	17 %
Finlande	7	-	6	4	32	24	45	28	38 %
Irlande	18	5	36	14			54	19	26 %
Suède	6	5	5	19			11	14	56 %
Autriche	3	-	3	-	3	-	9	-	0 %
Belgique	6	-	12	1	125	23	143	24	14 %
France	4	2	-	1	3	1	7	4	36 %
Allemagne	8	1	12	-	83	19	103	20	16 %
Luxembourg	5	8	8	1			13	9	41 %
Pays-Bas	9	-	11	2	25	10	45	12	21 %
Grèce	8	3					8	3	27 %
Italie	7	-	2	5	23	15	32	20	38 %
Portugal	10	2	11	10			21	12	36 %
Espagne	8	2	25	13			33	15	31 %
UE	2	1	3	-	12	2	17	3	15 %

PAYS	CAISSES DE MALADIE ET ASSOCIATIONS MUTUALISTES						
	Président		Vice-Président		Total Membres		% F
	H	F	H	F	H	F	
Belgique	2	-	1	-	35	10	22 %
France	3	-	6	1	96	14	13 %
Allemagne	12	-	13	-	158	8	5 %
Luxembourg	9	-	7	2	74	7	9 %
Pays-Bas	1	-	2	-	7	-	0 %
Grèce	9	1	10	-	147	28	16 %

Source : Réseau Européen "Les Femmes et la Prise de Décision".

d) <u>Les organes consultatifs ou de concertation et les structures de négociation</u>

Aux postes les plus élevés de ce type d'institution, les femmes représentent souvent une très faible minorité. Les seules exceptions sont la Suède, le Danemark et l'Irlande avec un taux de 40 % ou plus (voir tableau 3). En ce qui concerne les Syndicats de Médecins ou les Associations Médicales Nationales, les hommes dominent largement (à l'exception de la Suède ici encore). En fait, les femmes médecins, pour être représentées, ont créé leur propre association professionnelle internationale.

Tableau 3 - **Organes nationaux de conseil et de concertation, et associations médicales nationales. Répartition des membres selon les sexes, 1996**

PAYS	ORGANES DE CONCERTATION ET DE CONSEIL					ASSOCIATIONS MÉDICALES ET MUTUELLES			
	Président		Membres		% F	Président		Membres	
	H	F	H	F		H	F	H	F
Danemark	5	1	66	44	40 %	4	-	9	-
Finlande	1	-	5	3	38 %	3	2	9	6
Irlande			40	31	44 %			82	14
Suède	2	3	25	22	47 %	1	1	15	16
RU			1520	710	32 %				
Autriche	1	-	22	-	0 %	2	-	5	2
Belgique	3	-	9	2	18 %	2	-	19	-
France	5	2	249	31	11 %	3	1	162	19
Allemagne	1	-	6	1	14 %	3	1	33	16
Luxembourg	5	-	74	4	5 %	5	-	25	2
Pays-Bas	3	1	180	15	8 %				
Grèce	1	-	45	8	15 %	4	1	83	11
Italie	2	-	80	5	6 %	4	1	203	17
Espagne	3	-	27	5	16 %	3	-	81	28
UE	4	-	12	3	20 %				

<u>Source</u> : Réseau Européen "Les Femmes et la Prise de Décision".

2.3 Les femmes et la prise de décision dans les principales régions d'Europe

Comme nous l'avons vu au chapitre 1, les systèmes de santé européens se différencient selon trois modèles principaux, en fonction de leurs caractéristiques institutionnelles : les pays d'Europe du Nord (Danemark, Irlande, Finlande, Suède et Royaume Uni) se caractérisent par un système "universel" ; les pays d'Europe centrale (Autriche, Belgique, France, Allemagne, Luxembourg et Pays-Bas), offrent une variété de plans d'assurance santé, selon une ligne "professionnelle" (et parfois confessionnelle) administrés par des organismes "semi-publics", comme les Caisses de Maladie ou les Associations Mutualistes; et enfin, les pays du Sud de l'Europe (Grèce, Italie, Portugal et Espagne), se caractérisent par un modèle de protection de santé "mixte". Les informations que nous avons recueillies montrent que la participation des femmes dans la prise de décision est plus élevée parmi les cinq systèmes de protection nationale "universels" des pays du Nord de l'Europe. Dans ce cas, le taux de participation des femmes est supérieur à 45 % dans les organismes politiques, supérieur à 35 % dans les organisations de conseil ou de concertation, et supérieur à 25 % dans les institutions administratives, dans quatre des cinq pays.

La représentation féminine diminue plutôt dans les six systèmes "semi-publics" et "professionnels" des pays d'Europe centrale. Dans ce cas, le taux de participation des femmes est supérieur à 45 % dans les organismes politiques dans seulement deux des six pays, il n'est jamais supérieur à 30 % dans les organisations de conseil et de concertation, et il n'est supérieur à 25 % dans les institutions administratives que dans deux des six pays. La représentation des femmes aux postes les plus élevés des Caisses de Maladie, des Associations Mutualistes et des Associations Médicales Nationales est particulièrement faible dans tous ces pays.

La participation des femmes est finalement la plus basse dans les quatre systèmes "mixtes" des pays d'Europe du Sud, à l'exception des institutions de l'administration publique, où cette représentation dépasse les 25 % dans les quatre pays de ce groupe.

En conclusion, la participation des femmes dans la prise de décision en matière de santé dépend du modèle de système de santé en vigueur dans chaque pays. Cette participation est générée par les systèmes publics "universels" des pays du Nord de l'Europe. Dans les systèmes "mixtes" des pays d'Europe du Sud, bien que les femmes soient généralement sous-représentées dans la prise de décision, la transition récente qui s'opère vers un modèle de protection de santé "universel" semble provoquer une augmentation de la représentation féminine dans les institutions administratives publiques du secteur de la santé. Enfin, il faut remarquer que, parmi les pays d'Europe centrale, même si la représentation féminine est relativement forte dans les organisations politiques, elle reste généralement faible dans les organismes de conseil ou de concertation et dans les institutions administratives "semi-publiques".

Chapitre 3

L'ENQUÊTE : LE RÔLE DES FEMMES DANS LA SANTÉ

Jusqu'à présent, l'analyse a montré que dans la plupart des pays européens, les femmes sont encore très nettement sous-représentées dans les organismes à pouvoir décisionnaire, même si elles représentent une grande partie des emplois de santé et bien que le nombre de femmes aux niveaux les plus élevés a augmenté de manière substantielle. Pourquoi y a-t-il si peu de femmes engagées dans le processus décisionnaire de ce secteur, et quels sont les principaux obstacles à une présence équilibrée des hommes et des femmes ? On a répondu à ces questions dans le cadre d'une grande enquête avec des questionnaires adressés aux hommes et aux femmes occupant des postes décisionnaires de haut niveau dans les institutions de santé des 15 pays de l'UE, identifiés dans le premier chapitre de cette étude. Cela a pu être réalisé grâce à l'aide précieuse apportée par le Réseau Européen "Les femmes et la prise de décision", qui nous a fourni les noms et les adresses. 398 personnes ont répondu au questionnaire : 220 femmes et 178 hommes.

Les médecins - et en particulier les médecins chefs - sont fortement représentés dans notre échantillon, en particulier pour les hommes : 40 % des hommes (et 26 % des femmes) sont des médecins. De plus, 32 % des hommes sont des médecins en chef (contre 18 % seulement de femmes). Au contraire, les infirmiers et les autres professions non médicales de la santé sont principalement représentés par des femmes (en fait, 17 % des femmes de l'échantillon sont infirmières, ou appartiennent à une profession de santé non médicale, contre seulement 6 % pour les hommes). Nous trouvons également relativement plus de femmes que d'hommes dans des professions "d'employés de bureau", "de professorat" et des "emplois indépendants", en particulier dans les organes politiques. Il faut noter, cependant, que les femmes de notre échantillon sont beaucoup plus jeunes que les hommes. Pour les deux sexes, la tranche d'âge la plus représentée est 45-54 ans. Mais, si la proportion de personnes âgées de moins de 45 ans correspond à 39 % de l'échantillon féminin, elle ne correspond qu'à 18 % de l'échantillon masculin.

3.1 Le rôle des critères de sélection et de promotion

Les premières données importantes de l'enquête montrent que seulement 4 % des 220 femmes qui ont répondu au questionnaire (et 12 % des hommes) pensent qu'il n'y a pas d'obstacle à la présence des femmes dans la prise de décision en matière de santé. Les autres, par contre, ont mentionné plus d'un obstacle.

Les critères de sélection pour l'accès aux organismes décisionnaires et aux tâches importantes dans ces organismes peuvent constituer un obstacle pour les femmes. C'est le cas, par exemple, d'un critère non spécifiquement objectif tel que "l'aptitude à diriger", mentionné par plus d'un tiers des hommes et des femmes. Nous devrions alors demander quels critères déterminent à quoi correspond "l'aptitude à diriger" si, par exemple, on prête de l'importance à la capacité à donner des ordres qui seront alors suivis aveuglément, ou si, plutôt, des facteurs comme la capacité à coopérer, à écouter les suggestions des autres, à prendre des décisions en collaboration sont recherchés. (En fait, notre étude montre qu'il y a des différences entre les hommes et les femmes quant à leur manière de diriger).

Il y a un autre critère qui est fréquemment signalé par les personnes interrogées des deux sexes, c'est l'expérience acquise (dans le même organisme ou dans d'autres organismes publics ou privés) ; ce critère peut pénaliser les femmes, non seulement à cause d'une expérience supposée moins solide du fait de l'âge moyen qui est inférieur, mais plutôt pour avoir fait leur carrière dans des zones considérées comme "moins importantes ou sectorielles". (Ceci est un obstacle mentionné par 14 % des hommes et par 31 % des femmes).

Un plus grand nombre de femmes que d'hommes parmi les personnes interrogées déclarent également que l'appartenance à un parti politique, à un syndicat ou à un groupe organisé est souvent un critère de sélection. Evidemment, l'appartenance à un parti politique intéresse principalement les organismes politiques. Cependant, le critère d'appartenance à un parti, à un syndicat ou a un mouvement est identifié, surtout par les femmes, comme intervenant également dans des organes de direction, alors que ça ne devrait pas être le cas. Ce critère se rencontre aussi fréquemment dans les organismes de concertation / négociations et de conseil : dans ces deux cas, le pourcentage des femmes est au moins le double de celui des hommes. (En fait, si la moitié des hommes sont membres d'un parti politique, ceci n'est vrai que pour 6 % de leurs collègues féminines). Un grand nombre de femmes - plus grand que pour les hommes - fait référence à des "relations politiques" ou "autres personnes influentes" comme facteur important pour l'accès aux rôles décisionnaires dans les organismes de gestion centrale de santé et des hôpitaux, ainsi que dans les organismes de concertation et de conseil. Il n'est donc pas étonnant que de nombreuses femmes pensent que le fait de "ne pas avoir de relations influentes" doive être inclus parmi les obstacles majeurs à la présence féminine dans la prise de décision.

Parmi les principaux critères d'accès et d'attribution des tâches dans les organismes décisionnaires en matière de santé (surtout dans la gestion locale et nationale), celui qui revient le plus souvent est le niveau d'études : plus de deux tiers des personnes interrogées le mentionnent. En fait, presque toutes les personnes interrogées ont un diplôme universitaire, mais il y a des différences quant au type de diplôme : si plus de la moitié des hommes sont diplômés en médecine, cela n'est vrai que pour à peine plus d'un tiers des femmes. Par rapport aux hommes, deux fois plus de femmes ont un diplôme d'études supérieures classiques (12,4 % contre 5,8 %) et pratiquement cinq fois plus de femmes que d'hommes ont un diplôme en psychologie (5,9 % contre 1,4 %) ou un diplôme universitaire d'infirmier, de travailleur social ou de physiothérapeute (15,4 % contre 2,9 %).
Ceci tendrait à faire penser à une intervention au niveau du choix des études des femmes. Mais on pourrait se demander aussi s'il n'y a pas une certaine rigidité injustifiée dans ce domaine. Si, par exemple, un diplôme en médecine est vraiment préférable pour la prise de décision en matière de santé ou pour la gestion d'un hôpital, ou alors si l'expérience dans les services de soins et les services sociaux n'est pas tout aussi importante. (En fait, dans certains Etats membres, ceux qui sont responsables des services infirmiers font partie du conseil de direction des hôpitaux). La réalité semble souvent correspondre à la description d'une personne interrogée allemande :

> *"Les médecins sont presque toujours des hommes, et les infirmiers des femmes. Lorsqu'il faut prendre une décision, les médecins hommes pensent qu'ils sont "supérieurs" aux infirmières".*

Si les critères de sélection et de promotion cités jusqu'à présent constituent des obstacles à une représentation équitable des femmes, ce n'est pas surprenant que presque un tiers des personnes interrogées (32 %) pensent que, pour atteindre une meilleure répartition du pouvoir décisionnaire, il faut changer ces critères et 17 % d'entre elles pensent qu'un quota en faveur des femmes devrait être introduit. D'autres mesures souvent rapportées concernent des programmes de mise à jour et de formations spéciales (23 %), des programmes institutionnels pour l'égalité des chances (30 %) et l'amélioration des moyens d'information sur les opportunités de carrière (17 %).

3.2 Le rôle de la charge familiale

D'autres obstacles importants dépendent largement de la difficulté à combiner à la fois la vie professionnelle et la vie familiale. En fait, 68 % des femmes et 65 % des hommes qui ont répondu au questionnaire ont identifié "les obligations personnelles et la responsabilité familiale", comme étant les obstacles les plus importants à l'accès des femmes au rôle décisionnaire, obligations qui débouchent - selon 37 % des femmes et 35 % des hommes - sur une motivation insuffisante pour une carrière.

A ce sujet, il faut souligner qu'en fait, un tiers des femmes questionnées sont soit "célibataires", soit "divorcées", (presque trois fois plus que chez les hommes). En outre, presque un tiers d'entre elles n'ont pas d'enfant et 20 % n'ont qu'un seul enfant (le pourcentage pour les hommes est nettement inférieur dans les deux cas : 13 et 16 %). Ceci démontre que, en l'absence de services sociaux adaptés, et d'une répartition plus équitable des tâches familiales entre les sexes, et dans le cadre d'une organisation de travail rigide, seules les femmes qui ont peu d'attaches familiales rencontrent moins d'obstacles à leur accès à la prise de décision.

Il s'ensuit donc que parmi les mesures jugées satisfaisantes pour faire face à ce type de problème, on trouve : des cours visant à développer l'estime personnelle des femmes (pour 30 % des femmes interrogées et 21 % des hommes), l'amélioration des services sociaux - indiquée par 28 % des femmes et 27 % des hommes - mais surtout la modification des emplois du temps de travail (comme les horaires souples, le partage du travail, la possibilité d'organiser son travail soi-même) : 60 % des femmes et des hommes ont parlé de ce type d'intervention. Une personne interrogée de Belgique, par exemple, estime que les congés parentaux devraient être plus longs. Une suédoise résume le problème ainsi :

> *"Des mesures visant à alléger la charge de travail des femmes qui travaillent et qui ont des responsabilités familiales sont nécessaires, comme par exemple une meilleure répartition du travail entre le mari et la femme à la maison, et une réduction générale de l'horaire travaillé".*

3.3 Les pratiques discriminatoires et la valorisation des compétences

Sur ce point, une information très importante doit être mentionnée, car elle est soulignée aussi souvent par les deux sexes. Plus d'un tiers des femmes et des hommes interrogés rapportent que parmi les obstacles significatifs à la présence des femmes dans la prise de décision, il y a la diffusion de préjugés et de pratiques discriminatoires contre les femmes. De plus, les questionnaires montrent que ces pratiques existent même contre des femmes qui ont atteint un rôle décisionnaire important.

Il est évident que la plupart des femmes - et des hommes - qui ont répondu à ce questionnaire ne pensent pas du tout faire l'objet de discrimination ou que leurs compétences ne sont pas appréciées à leur juste valeur. Ce sont des gens, toutefois, qui ont déjà atteint les plus hauts niveaux et qui ne devraient donc pas avoir de motif particulier d'insatisfaction. Mais même à ces niveaux, nous enregistrons des signes de malaise et des symptômes persistants de discrimination. En fait, un nombre non négligeable des femmes interrogées (15 %) ont fait l'expérience de la discrimination depuis leur arrivée dans l'organisme où elles sont actuellement. Ceci se produit en fait le plus souvent dans les hôpitaux (23 %). Voici le témoignage d'une italienne et d'une danoise :

"Au cours de plusieurs examens publics, j'ai ressenti une injustice flagrante contre laquelle j'étais suffisamment "ingrate" de me rebeller".

"Certains visiteurs d'autres hôpitaux se demandaient si une femme était capable d'être patron d'un service ; parfois, les collègues masculins font des remarques ironiques".

La plupart des personnes interrogées - hommes et femmes - ne trouvent aucune différence entre les tâches attribuées aux hommes et celles attribuées aux femmes. Cependant, de nombreuses femmes (24 %) - indépendamment de leur tranche d'âge - pensent que sur leur lieu de travail il y a une différence, dans la mesure où les hommes ont des postes mieux qualifiés et les critères de sélection les favorisent à tous les niveaux, alors que les femmes ne sont prises en considération que pour certaines tâches spécifiques. Voici, par exemple, les réponses apportées par une italienne, une française et un finlandaise :

"Les plus grandes différences sont l'exclusion de l'accès aux fonctions directoriales ou à la représentation des comités exécutifs et l'exclusion des postes de direction les plus élevés".

"Les hommes sont plus soutenus pour obtenir des postes élevés".

"Les femmes ont souvent des postes d'experts ou de conseil, les hommes sont chefs d'unités ou de services".

En fait, 42 % des femmes rencontrent des obstacles dans leur fonctions. Ceci est vrai pour 37 % des hommes, bien que le type d'obstacles rencontrés est très différent : il s'agit souvent d'obstacles politiques ou administratifs pour les hommes, et plutôt d'un manque de ressources, d'information, de soutien de la part de leurs supérieurs et un manque de crédibilité attribué à leur sexe pour les femmes. Bien sûr, ces obstacles sont plutôt perçus par les jeunes, mais la plus grande différence entre les hommes et les femmes (plus de 10 %) se rencontre dans la tranche d'âge supérieure. Cette perception négative, dans le cas des femmes, se rencontre plus souvent dans les hôpitaux : 53 % des femmes aux Comités Directoriaux des hôpitaux (contre 37 % pour les hommes) se sentent en partie empêchées de jouer leur rôle décisionnaire. Voici les réponses de deux personnes interrogées allemandes et d'une luxembourgeoise :

"Je suis une infirmière dont le travail n'est pas totalement accepté par le personnel médical dominant".

"Il y a une mauvaise organisation et une mauvaise information concernant les processus décisionnaires".

"Il y a un manque de soutien moral et matériel de la part des supérieurs".

Beaucoup se plaignent de ce que l'autorité apportée par leur poste n'est pas reconnue et que leurs compétences ne sont pas suffisamment valorisées. En fait, plus de 27 % des femmes (10 % de plus que les hommes) estiment que leurs compétences sont peu valorisées. On retrouve la même situation dans toutes les tranches d'âge, mais pour les hommes, plutôt chez les plus jeunes. Enfin, 31 % des femmes - jeunes ou moins jeunes, quel que soit l'organisme auquel elles appartiennent - pensent que leur opinion n'est pas suffisamment prise en considération. Un nombre important d'hommes (24 %) s'en plaint également, mais ici encore, dans leur cas il s'agit plutôt des plus jeunes et de ceux qui travaillent dans des organismes politiques. Une fois de plus, la plus grande différence entre les hommes et les femmes sur ce problème se rencontre dans le milieu hospitalier : 35 % des femmes ayant un rôle décisionnaire dans un hôpital pensent que leur opinion n'est pas suffisamment prise en considération, avec une différence de 21 % par rapport aux hommes. Deux réponses viennent illustrer ces propos, l'une vient d'une allemande, l'autre d'une italienne :

"Le fait que je sois infirmière et non pas un médecin homme, signifie que de nombreux chefs de services hommes ne me prennent pas tout de suite au sérieux et que je dois perdre beaucoup de temps à les convaincre".

"Pour obtenir des résultats, vous devez toujours fournir plus d'efforts pour vous imposer, ce qui est souvent usant".

Dans ces conditions, il n'est pas surprenant que la plupart des femmes qui ont répondu à ce questionnaire - plus de 58 %, presque 10 % de plus que les hommes - étaient relativement insatisfaites de leur pouvoir décisionnaire effectif en raison : du faible pouvoir de l'organisme lui-même, des possibilités restreintes des personnes travaillant dans cet organisme, des contraintes administratives et hiérarchiques excessives, ainsi que de la présence de préjugés générateurs d'inégalités. (Il faut remarquer que pour les hommes, ce sont à nouveau les plus jeunes qui sont déçus, alors que pour les femmes, ce sont toutes les classes d'âge). Il s'ensuit donc qu'un plus petit nombre de femmes que d'hommes espèrent, dans un avenir proche, obtenir une position à plus fortes responsabilités (un plus grand nombre d'hommes a déjà atteint les postes les plus élevés dans leur organisme), bien que pour plus de femmes que d'hommes, les principales raisons qui les ont poussé à intégrer leur organisme en tout premier lieu étaient la possibilité de faire une carrière et d'avoir un poste offrant davantage de prestige et de responsabilités.

Nous allons conclure ce paragraphe avec quelques phrases qui expriment la désillusion de certaines femmes interrogées :

"La position de "conseiller" politique du Ministre est souvent vague, j'aimerais avoir des responsabilités plus spécifiques" (Suède).

"Il est très difficile pour les femmes de parvenir à participer aux commissions qui prennent les décisions politiques" (Allemagne).

"Je suis déçue parce que c'est un organisme qui ne participe pas au processus décisionnaire, mais simplement à sa phase finale. Les discussions sont toujours conditionnées par des décisions qui ont déjà été prises par les différents partis politiques" (Italie).

"Le progrès est très fragmentaire, les intérêts des corporations médicales et des opérateurs de santé sont en jeu ; il n'y a aucune cohérence dans le choix d'opportunités de qualité pour les gens" (Italie).

3.4 Similitudes et différences dans les principales régions européennes

A partir de cette analyse, il semble évident que, aujourd'hui encore, les critères de sélection dans les principaux organismes de santé favorisent les hommes. Même les femmes qui sont capables de passer à travers "le plafond de verre" et d'atteindre le sommet estiment qu'elles doivent faire face à des situations difficiles et faire des sacrifices personnels, beaucoup plus que leurs collègues masculins. Nous allons maintenant nous intéresser aux similitudes et aux différences dans trois zones géographico-culturelles qui sont le nord, le centre et le sud de l'Europe.

Ces zones, comme nous l'avons déjà vu, se caractérisent par des systèmes de protection de santé différents, à la fois du point de vue institutionnel et du point de vue de la participation des femmes dans les prises de décision.

Notre enquête a révélé que, indépendamment de la zone géographico-culturelle dont elles sont issues, les femmes ont généralement des caractéristiques et des opinions semblables, très différentes de celles des hommes. Par exemple, partout, au moins deux fois plus de femmes que d'hommes pensent que pour avoir une présence équilibrée des femmes dans les processus décisionnaires en matière de santé, il est nécessaire de modifier les critères de sélection et de promotion. Partout, elles ont plus souvent un diplôme universitaire qu'un diplôme d'enseignement supérieur ou un doctorat. Les femmes pensent plus souvent que les hommes qu'un critère aussi peu objectif que "l'aptitude à diriger" est déterminant pour l'attribution des postes ; partout, deux fois plus de femmes que d'hommes pensent que les femmes sont plus défavorisées parce qu'elles ont fait leur carrière dans des secteurs (ou des disciplines) qui sont traditionnellement considérés comme moins importants. De même, les femmes du nord, du centre et du sud, par rapport à leurs collègues masculins, rencontrent plus de difficultés, même dans l'organisme décisionnaire où elles travaillent, et elles pensent qu'il y a des différences systématiques entre les sexes dans la répartition des tâches et des responsabilités, que les hommes reçoivent les postes les plus prestigieux et que l'opinion des femmes n'est pas suffisamment prise en considération.

Cependant, malgré les nombreuses similitudes, il y a aussi des différences considérables. Par rapport aux femmes du Centre et du Sud, les femmes (et les hommes) du Nord de l'Europe parlent plus souvent de l'expérience dans le secteur de la santé, et des qualifications acquises, comme critères d'accès et pour l'attribution des tâches dans l'organisme où ils travaillent. Il faut remarquer que le Nord possède le plus grand nombre d'hommes et de femmes avec un diplôme universitaire, ce qui signifie que dans ce domaine aussi ils ont accès aux rôles décisionnaires.

Par comparaison avec les femmes d'Europe du Nord et du Centre, beaucoup plus de femmes au Sud (53 % contre respectivement 30 % et 33 %) identifient comme un des principaux obstacles à l'accès des femmes aux rôles décisionnaires la présence de préjugés et de comportements discriminatoires contre elles. Elles déclarent plus souvent avoir fait l'objet de discriminations (21 %) et elles sont plus nombreuses à penser qu'elles n'ont aucune possibilité de carrière.

Une autre différence importante réside dans le fait que, par rapport aux femmes du Nord, un plus grand nombre de femmes d'Europe Centrale et du Sud identifient les responsabilités familiales comme étant l'un des principaux obstacles des femmes pour la prise de décision. De plus, les femmes qui ont atteint des positions décisionnaires élevées en Europe du Centre et du Sud, sont beaucoup plus souvent que leurs collègues du Nord "célibataires" ou séparées, sans enfant ou avec seulement un enfant : 47 % des femmes interrogées au Sud ne vivent pas en couple, deux fois plus que dans le Nord ; 39 % n'ont pas d'enfant, et 29 % ont un seul enfant, alors que les deux tiers des femmes du Nord ont au moins deux enfants. Il faut remarquer que, contrairement aux femmes, très peu d'hommes du Sud (9 % seulement) ne vivent pas en couple, alors que ce pourcentage est un peu plus fort dans le Nord (16 %) où la différence entre les hommes et les femmes est considérablement réduite.

A partir de l'analyse de ces données, nous pouvons tirer la conclusion que le fait de ne pas avoir de famille semble être, dans les pays du Centre et du Sud de l'Europe (beaucoup plus souvent qu'au Nord), un facteur qui favorise la carrière des femmes à un niveau élevé. Il est donc compréhensible que ces femmes croient, plus souvent que dans le nord, que l'amélioration des services sociaux est l'un des principaux facteurs pour faciliter la participation des femmes à la prise de décision. (Ceci est vrai pour 47 % des femmes du Sud, contre 19 % au Nord).

3.5 Pourquoi la participation des femmes dans les choix de politiques de santé

Voyons maintenant, à partir de l'échantillon étudié, pourquoi la participation des femmes est importante dans les prises de décision en matière de santé, et si elles apportent une contribution nouvelle et appréciable.

Pour 41 % des hommes qui ont répondu à notre questionnaire, "la compétence" semble être le seul facteur important dans le processus décisionnaire de la politique de santé. Ce pourcentage passe à 22 % pour les femmes, qui, majoritairement (54 %), pense que le sexe est un facteur tout aussi important que la compétence. 24 % d'entre elles (et 22 % des hommes) considèrent que la présence des femmes est "importante" ou "fondamentale".

Quant aux raisons ayant motivées ces réponses, il faut dire que les personnes interrogées ne répondaient pas uniquement à un désir d'équité, mais également (surtout les femmes), au fait que les femmes ont une manière différente d'aborder les problèmes de santé, de voir la réalité et elles ont une plus grande expérience des problèmes de soins. Voici l'opinion de certaines femmes ayant répondu au questionnaire :

"La compétence est importante car la santé est un secteur extrêmement complexe ; la présence féminine est importante parce que les femmes dans la "gestion des choses publiques" sont considérées comme étant compétentes, sensibles, attentives aux besoins des autres, prêtes à écouter et capables de jouer les médiateurs". (Italie)

"Sans l'expérience de la vie (et la mienne est celle de la vie d'une femme), il n'est pas possible de bien travailler". (Allemagne)

"La compétence est toujours importante, et parfois les femmes ont un type d'expérience et de compétence que les hommes n'ont pas". (Suède)

De plus, 62 % des hommes et 68 % des femmes pensent que dans les institutions où l'on prend des décisions de santé, il est "nécessaire" ou "fondamental" d'avoir des compétences spécifiques en matière de problèmes féminins. Voici, par exemple, quelques raisons qui ont été avancées :

"Une compétence spécifique sur les problèmes féminins est nécessaire car certains besoins de la psychologie féminine peuvent être mieux exprimés" (Espagne)

"Pour une meilleure compréhension de problèmes spécifiques" (Pays-Bas)

"La compétence dans les problèmes féminins peut aider à donner une approche plus globale et plus adéquate" (Italie)

"C'est important car les femmes ont d'autres priorités et reconnaissent le risque de médicaliser les femmes et la relative invisibilité de la santé des femmes" (Danemark).

3.6 Le rôle de l'expérience féminine de la vie

Une partie des réponses rapportées ci-dessus font référence aux différentes manières qu'ont les femmes de se positionner par rapport aux problèmes de santé. Ceci est encore plus évident à partir des réponses à une question spécifique. En fait, 70 % des femmes interrogées pensent que les femmes ont une position différente sur les politiques de santé, surtout du fait de leur expérience différente de la vie et parce qu'elles s'occupent de leur famille.

"Je pense que les femmes ont des expériences et des priorités différentes : je pense que les femmes sont plus intéressées par la prévention et les hommes par le traitement" (Suède)

"Comme les femmes ont une expérience différente de la vie et des problèmes de santé différents de ceux des hommes, leur opinion peut contribuer à créer une approche diversifiée et plus universelle" (Allemagne).

Les opinions rapportées ici sont répandues chez les femmes au Nord, comme au Centre et au Sud de l'Union. Indépendamment de leur zone géographico-culturelle ou du type de système de santé national, les femmes ont des opinions similaires concernant leur rôle dans la santé, qui est souvent distinct de celui des hommes. Ainsi, par exemple, les femmes qui croient que seule la compétence est importante sont partout beaucoup moins nombreuses que les hommes, alors que dans tous les pays la majorité pensent qu'une compétence spécifique concernant les problèmes féminins est importante. Ce n'est pas uniquement par principe démocratique que les femmes pensent que la présence de femmes est importante dans les institutions qui décident des politiques nationales de santé.

D'un autre côté, du fait même qu'elles constituent la majorité des opérateurs de santé et des utilisateurs des services de santé, les femmes ont développé une expérience considérable sur le fonctionnement (et les dysfonctionnements) du système de santé. S'appuyant sur l'expérience quotidienne, elles ont développé une approche des problèmes de santé qui répond mieux aux besoins de la population.

Il est bien connu aussi que la plupart des problèmes courants de santé dans la famille sont traités sans aucune aide professionnelle : dans tous les pays d'Europe, on prend soin de sa propre santé. Les femmes ont toujours eu la responsabilité de la gestion de la famille, de s'occuper de la famille, des enfants, des personnes âgées, des handicapés, se substituant aux services sociaux et médicaux. Du fait également des responsabilités qui ont historiquement et culturellement pesé sur leurs épaules, concernant les habitudes alimentaires, l'hygiène personnelle et environnementale, la recherche d'une bonne santé pour elles-mêmes et leur famille, les femmes ont acquis le genre de connaissances qui les rend particulièrement sensibles à la prévention.

Il est donc logique qu'en réponse à la question "Quelles sont les mesures de politique sanitaire les plus importantes", un plus grand pourcentage de femmes que d'hommes (55 % contre 42 %) parlent de l'intégration de services sociaux et sanitaires, de services pour les personnes âgées et de l'amélioration de la qualité des services. De même, un plus grand nombre de femmes mentionnent la prévention, l'éducation sanitaire et la participation (60 % contre 48 %). (Un plus grand nombre d'hommes, par contre, font référence au contrôle des gaspillages et à la rationalisation des dépenses publiques).

3.7 Modification du comportement masculin

Nous devrions nous demander, à ce stade, si une plus grande présence des femmes dans la prise de décision apporterait un changement dans la direction générale des politiques de santé. En fait, les organismes où des actions ont été entreprises pour promouvoir la présence des femmes dans les positions à responsabilités, ces initiatives n'ont pas seulement augmenté la présence des femmes dans l'organisme, elles ont aussi conduit à une modification du style d'argumentation, des méthodes de prise de décision et de la gestion des politiques de santé, générant des changements dans le comportement des hommes par rapport aux femmes.

Dans les pays où la présence des femmes aux postes à pouvoir décisionnaire de haut niveau est marquée, les hommes ont une attitude beaucoup plus positive envers les femmes en ce qui concerne l'importance des femmes dans la santé. Dans les pays d'Europe du Nord, où les initiatives en faveur de la présence féminine à des emplois responsables sont plus nombreuses, le pourcentage des hommes qui pensent que seule la compétence est importante dans le secteur de la santé tombe à 29 %, alors qu'il dépasse 50 % dans les pays du Centre et 42 % dans les pays du Sud. De même, par rapport au Centre et au Sud, la majorité des hommes du Nord pensent qu'une compétence spécifique sur les problèmes féminins est nécessaire (69 %) et estiment également que les femmes ont une manière différente de traiter les problèmes de santé (47 %). L'expérience de partage du travail avec les femmes semble apporter quelques changements dans le comportement des hommes à leur égard. Il est intéressant de souligner que les hommes du Nord semblent être beaucoup moins inquiets que leurs collègues du Centre et du Sud sur le contrôle des dépenses de santé.

Il est peut-être utile, à cet égard, de rapporter les réponses de quelques hommes de Suède, qui est le pays le plus en avance en matière de représentation des deux sexes dans la prise de décision dans le secteur public de la santé :

"Il est important de regarder les problèmes de santé sous deux angles différents".

"La manière de penser et l'expérience des femmes sont différentes de celles des hommes, et il est important que les deux soient représentés".

"Les femmes ont un rôle important dans les activités de soins. Le point de vue des deux sexes est nécessaire".

Pour conclure, notre enquête montre qu'une présence plus équilibrée des femmes dans les institutions ayant un pouvoir décisionnaire pour la santé est importante non seulement pour une question de représentation équitable, mais aussi, et surtout, parce que les femmes apportent de nouvelles valeurs, de nouvelles idées, un nouveau style et une nouvelle méthode dans le processus décisionnaire. De plus, dans les pays où, depuis un certain temps maintenant, les femmes jouent un rôle important dans les processus décisionnaires, le comportement des hommes a changé en leur faveur. De toute évidence, ces derniers ont eu la possibilité d'apprécier l'importance de la contribution novatrice des femmes dans le domaine des politiques de santé.

Nous allons conclure ce chapitre en reprenant les mots d'une des personnes interrogées :

"Les femmes sont plus disposées à se battre, elles sont moins gouvernées par la logique de l'appartenance (que ce soit à un parti ou à une corporation), elles sont beaucoup plus "libres" de comprendre et de prendre des décisions dans l'intérêt général". (Italie).

Chapitre 4

LES FEMMES, LE POUVOIR ET L'INNOVATION : ETUDE QUALITATIVE EN FRANCE, EN ITALIE ET EN SUEDE

Dans ce chapitre, nous allons observer les résultats de la troisième partie de la recherche, qui est une étude qualitative des pays européens représentatifs dans trois des trois zones géographico-culturelles. Les trois pays retenus sont : la Suède pour les pays du Nord, qui se caractérise par un modèle de protection sociale "universel", la France pour les pays d'Europe Centrale, qui a un système "professionnel" d'assurance santé, et l'Italie pour les pays du Sud, où le système universel de protection de santé est incomplet ou "mixte". Comme nous l'avons déjà vu dans les chapitres précédents, ces zones géographico-culturelles, et en particulier les pays choisis, présentent différents niveaux de représentation féminine dans la prise de décision, mais ils présentent par contre de fortes similitudes dans le comportement des femmes concernant leur rôle dans la santé publique. Les 16 entretiens approfondis que nous allons analyser maintenant développent les principaux thèmes marquants de l'échantillon étudié, à savoir : l'importance du rôle des femmes dans ce secteur ; leur contribution novatrice, et des suggestions utiles pour promouvoir la représentation féminine.

Avant d'analyser les réponses sur ces sujets importants, nous allons brièvement comparer les trois pays choisis sur la base de certains indicateurs d'efficacité en matière de santé.

4.1   Quelques indicateurs d'efficacité en matière de santé

Les taux de mortalité infantile et périnatale sont généralement considérés comme des indicateurs fiables de l'efficacité en matière de santé. Dans tous les pays occidentaux, ces taux ont considérablement chuté au cours de ce siècle en conséquence de la prévention périnatale, des meilleures conditions d'hygiène et d'une meilleure assistance médicale à la naissance et au cours des premiers jours de la vie. Cependant, les conditions et les services varient toujours considérablement, même parmi les pays européens. D'après les chiffres de l'OCDE pour 1990-1991, la Suède, avec une mortalité de 0,61 % des naissances présente le taux de mortalité infantile le plus bas d'Europe ; ce taux passe pour France à 0,73 % et pour l'Italie à 0,83 % - ce dernier pourcentage est inférieur uniquement à celui que l'on trouve en Belgique, en Grèce, au Luxembourg et au Portugal.

Quant à la sécurité maternelle, une récente publication française du Haut Comité de la Santé Publique (1995) a rapporté que dans les années 70 la France a fait des progrès considérables par rapport à la mortalité périnatale, mais que depuis 1985 ces progrès ont ralenti le pas, ce qui place ce pays en 13ème position des pays de l'OCDE. De plus, un tiers de la mortalité des mères (14 pour 100.000) pourrait être évitée. D'après le comité, les raisons de ces taux élevés peuvent être attribuées à une insuffisance ou à une mauvaise qualité de l'assistance au moment de la naissance, aux retards de diagnostics et au fait que l'on cherche à résoudre les complications à la fois pour la mère et pour l'enfant.

Un autre indicateur de l'efficacité médicale est le pourcentage de naissances par césarienne par rapport au nombre total des naissances. La Suède a le taux le plus bas des trois pays considérés et parmi les plus bas d'Europe (après l'Irlande et la Grande Bretagne uniquement) et ce taux diminue considérablement depuis ces dix dernières années. L'Italie, au contraire, a le taux le plus élevé d'Europe et celui-ci continue d'augmenter. Le taux pour la France se situe à une position intermédiaire par rapport aux pays européens, mais il augmente également. Il faut remarquer que le pourcentage de naissances par césarienne est beaucoup plus bas dans tous les pays d'Europe du Nord, où le système de protection de la santé est universel et où la présence des femmes est plus marquée dans la prise de décision. Dans les autres pays européens, par contre, ces pourcentages sont non seulement plus élevés, mais ils ont tendance à augmenter, surtout au Sud.

Les indicateurs de l'efficacité médicale que nous venons de mentionner concernent les problèmes de santé qui touchent spécifiquement les femmes. On n'a donc pas tort de les relier à la plus ou moins grande présence des femmes dans les processus de décision en matière de santé dans les différents pays. Un autre indicateur important, à ce sujet, est la prévention du cancer du sein et du cancer de l'utérus. D'après le Haut Comité de la Santé Publique, entre 1950 et 1990, alors que la mortalité due au cancer de l'estomac, qui affecte principalement les hommes, diminuait très nettement en France, dans la même période la mortalité due au cancer du sein a considérablement augmenté (en 1991, dix mille femmes en France sont mortes de cette maladie). Des campagnes de prévention, en particulier des mammographies pour les femmes à l'âge de la ménopause, ont permis de réduire la mortalité de 30 %, mais cet examen commence tout juste à être pratiqué sur tout le territoire français. La prévention de la mortalité due au cancer de l'utérus est également très mal faite en France : seule une minorité de femmes, en particulier parmi celles qui présentent le plus de risques, est contrôlée, et ceci révèle nettement, en tout cas, une information insuffisante.

Pour conclure, ces données révèlent à la fois des différences dans l'efficacité médicale de ces trois pays, et que, lorsqu'il y a une plus grande présence des femmes avec des rôles décisionnaires en matière de santé, les conditions sont également plus favorables pour la sécurité de la mère et du nouveau-né, et il y a une meilleure protection sanitaire de la mère et de l'enfant.

4.2 Profils biographiques des femmes dans la prise de décision

a) Les italiennes

Nous avons choisi Naples pour nos entretiens approfondis car dans cette ville il y a un groupe de femmes qui ont un rôle décisionnaire dans le secteur de la santé qui, depuis quelques temps, ont apporté une attention particulière aux problèmes spécifiquement féminins. Voici un rapide profil personnel des cinq femmes que nous avons interrogées.

1. Elvira est psychologue, elle a atteint le niveau supérieur de sa profession et elle est directrice d'une unité de soins en psychiatrie. Mariée, elle a commencé a avoir des désaccords avec son mari lorsque son enfant est né, et elle s'est séparée. "Au début de ma carrière, dit-elle, l'idée d'égalité m'a aidée (je suis comme vous, si vous pouvez, alors je peux aussi), ensuite, des différences sont apparues au cours de ma grossesse, du fait que j'étais une femme. De plus, le Directeur avait à choisir entre moi et un homme, et il a choisi l'homme, bien que j'étais plus compétente. Cela m'a aidée à mieux comprendre la situation et à partir de là j'ai hissé la bannière féministe. Lorsque j'étais patron du service, j'ai créé du travail dans la service, qui n'existait pas avant : un secteur de "santé pour les femmes" qui n'est pas prévu, qui n'a pas d'existence légale, aussi suis-je la directrice inexistante d'une structure inexistante, une invention, et je peux exercer un pouvoir de fait qui n'a pas de pouvoir légal. Mon expérience a démarré en Psychiatrie Démocratique, mais nous avons dû admettre que dans cette réforme, les hommes allaient oublier les problèmes spécifiques des femmes : lorsque les hôpitaux psychiatriques se sont ouverts, le seul service qui ne s'est pas ouvert était celui des malades mentales femmes, parce qu'il fallait résoudre le problème

de la sexualité". Avec un groupe de femmes, Elvira a pris la responsabilité d'ouvrir les portes des services de femmes et de s'occuper de la santé des patientes, ne délégant que des rôles spécifiques aux médecins.

2. Grazia coordonne l'unité de soins en maternité-puériculture de Naples. Diplômée en médecine dès l'âge de 23 ans, spécialisée en cardiologie, elle a entrepris une carrière universitaire qu'elle a ensuite abandonnée du fait de problèmes familiaux : mariée, elle a 5 enfants. "Ma carrière universitaire n'a pas changé, mais les problèmes ont commencé lorsque j'ai commencé à avoir une famille, à cause des horaires : je devais avoir des horaires réguliers, mais lorsque l'on fait des expériences, on rentre à la maison lorsque l'on a fini. Aussi, avec mon second enfant, j'ai dû abandonné l'université. Je suis allée travailler à l'Office de l'Hygiène qui avait des horaires de jour, aussi j'avais un petit espace, très limité, pour pratiquer la médecine, et je devais en être reconnaissante. Ma famille a énormément limité mes capacités, j'ai dû accepter un rôle qui ne correspondait pas vraiment à ce que je voulais, mais je ne voulais pas non plus abandonner mon mari et mes enfants. Mon mari a eu toute latitude pour sa carrière, il n'a jamais eu de problème de temps, il n'a pas eu à modifier le cours de sa carrière pour des questions d'horaires". Grazia a également d'autres responsabilités, elle enseigne dans une école d'opérateurs de santé, elle fait partie d'un groupe régional d'études qui conseille les opérateurs travaillant dans le secteur maternité-puériculture. En ce qui la concerne, elle a réussi à se former continuellement, et c'est ce qui l'a aidé.

3. Anna, Patron d'un service de psychiatrie, est responsable d'une unité de malades mentaux. Elle est mariée et elle a deux enfants. Pendant plusieurs années, elle a travaillé avec des patientes, elle a participé avec un groupe de femmes à la création d'un Service pour les Femmes à l'intérieur du Service Psychiatrique. Depuis 1993, elle est patron du service. "Cette position a bien été acceptée, surtout par les opérateurs (il y a beaucoup de femmes). Les directeurs ont eu plus de mal à l'accepter : dans les réunions, il n'y avait que des hommes avec un langage typiquement masculin, et un certain embarras, surtout de leur part". Anna a suivi différents types de formations : psychothérapie, recherche épidémiologique, gestion. Elle est maintenant présidente d'une association de gestion qu'elle a créée elle-même, pour encourager des initiatives pour l'organisation et la promotion de services de qualité. Elle a été aidée dans sa carrière par "une grande volonté, de l'obstination, un besoin de défi, ce qui a été très fatigant, peut-être trop, et a généré une situation de stress".

4. Paola, biologiste, directrice de recherche dans un centre international de recherche en chirurgie moléculaire. Elle est également membre de l'OEBM (Organisation Européenne de Biologie Moléculaire) et en Italie elle est responsable d'un projet particulier de l'Association pour la Recherche sur le Cancer sur l'angiogénèse tumorale. Elle travaille dans la recherche médicale : angiognénèse, cancer, développement embryonnaire. Il y a quelques années, elle a isolé un gène impliqué dans la croissance des capillaires sanguins. Entre autre, c'est une référence de la CEE pour l'évaluation de projets de recherche dans son domaine. Elle a fait trois longs séjours d'études et de travail aux USA. Lorsqu'elle est retournée à Naples, elle a tout de suite obtenu un poste de patron de service. Elle est divorcée et a une fille qu'elle a emmenée avec elle aux USA : "Ma fille avait 5 ans, dit-elle, seule une femme peut faire tant de choses à la fois : être mère, s'occuper de sa famille, et dans le même temps organiser un laboratoire, travailler pour la recherche ; j'aimerais savoir si un homme peut en faire autant. J'ai divorcé parce que mon mari ne voulait pas partager avec moi la charge de s'occuper de sa fille et de la maison ; je devais m'occuper entièrement de ma fille et de lui aussi, aussi j'ai dit "tu peux partir". J'ai alors réalisé que j'avais plus de temps libre à consacrer à ma fille, à mon travail et à mes amis".

5. Ivana, conseiller des services sociaux, avant la Conférence de Rome elle a formé un groupe de travail sur des thèmes concernant les femmes et la santé, ce qui a donné lieu à des propositions de travail et à des sujets de réflexion. Ce groupe a collaboré avec le Centre des Femmes de Naples, un centre qui reçoit et qui met en relation des initiatives d'associations de femmes.

b) Les françaises

1. Michèle, membre du conseil national d'une association des médecins généralistes en France, représentante du Comité de Liaison des Femmes Médecins. Elle a un cabinet de médecin généraliste et elle est très active dans l'association. De plus, dans son domaine, elle est engagée dans la formation médicale permanente, elle organise des séminaires aux niveaux local et national, elle participe à des réunions le soir entre médecins généralistes et spécialistes. Mariée, avec un enfant en bas âge, elle pense que le fait d'être une femme n'a pas nuit à sa carrière mais l'a aidée à être plus déterminée. A propos de l'Association des médecins généralisetes, elle dit "Ce comité est né il y a 10 ans lorsque nous, les femmes, sommes entrées sur le marché du travail ... nous l'avons façonné à notre image ; nous avons choisi le bon moment, à une époque où la voix des femmes commençait à se faire entendre. Avant cela, je faisais partie d'un groupe de femmes médecins qui s'étaient réunies pour faire face à des problèmes d'ordre pratique, comme assurer le fonctionnement du cabinet médical même si vous alliez avoir un enfant, puis nous avons toutes rejoint l'association où, par rapport aux autres associations médicales, les femmes jouent un plus grand rôle. Pendant 10 ans, j'ai travaillé seule comme médecin généraliste, mais depuis la naissance de ma fille il y a cinq ans, je me suis associée avec d'autres femmes médecins généralistes et mères de famille, et nous avons ouvert un cabinet médical, que nous pouvions mieux gérer ensemble".

2. Catherine est à la tête d'un des 52 hôpitaux de Paris ; elle souligne que dans la région parisienne, de nombreux directeurs d'hôpitaux sont des femmes - plus qu'ailleurs - parce que le rôle de directeur dans ce cas est plutôt celui d'un exécutant, parce que ces hôpitaux sont subordonnés aux hôpitaux de Paris, institution qui prend les décisions. La formation de Catherine et son expérience professionnelle ont profondément été affectées par des problèmes familiaux, comme elle dit "le divorce était nécessaire pour que je puisse construire ma carrière". Elle a interrompu son doctorat en droit car elle a épousé un diplomate et elle est partie vivre à l'étranger : pendant 12 ans, elle n'a pas pu mener sa propre carrière. Après son divorce, tout en travaillant, elle s'est remise aux études et a passé l'examen de l'Ecole Nationale de Santé pour devenir directeur d'hôpital. Cet examen, dit-elle, est très difficile pour les femmes : "Il y a toujours beaucoup de femmes pour la partie écrite, et beaucoup réussissent car l'écrit est anonyme, mais la sélection se produit à l'oral où assurément plus d'hommes réussissent que de femmes". Cela a été très difficile pour elle d'étudier tout en travaillant, car Catherine a deux enfants, un de son premier mari, et un de son compagnon actuel. Lui non plus ne l'a pas beaucoup aidée, en fait, lorsqu'elle a du déménager dans une autre ville pour suivre ses cours, le plus jeune enfant aurait du rester avec son père, mais celui-ci s'est plaint que c'était incompatible avec son travail et elle a donc du emmener le petit avec elle.

3. Danielle est aussi directrice d'un hôpital et elle a une expérience professionnelle et familiale semblable à celle de Catherine. Elle a étudié l'allemand et le russe, puis les sciences humaines mais elle a du interrompre son doctorat pour suivre, avec un enfant, son mari ; elle a du déménager à nouveau pour suivre son mari, mais elle voulait aussi travailler et poursuivre ses études. Elle a déménagé une nouvelle fois pour suivre un cours,

et cette fois c'est son mari qui a du la suivre. Mais, lorsqu'elle s'est présentée à des élections politiques, son mari a été incapable de suivre son rythme de vie et ils ont divorcé. Aussi, Danielle, après son divorce est allée à l'Ecole Nationale de Santé et elle a obtenu une place de directrice d'hôpital. A ce propos, elle dit : "La classe où j'étais a été la première où autant de femmes que d'hommes réussissaient, mais il y a eu une violente réaction de la part de la profession qui a dit que la profession allait perdre de sa valeur si elle se féminisait, aussi au cours des années suivantes un moins grand nombre de femmes a réussi cet examen. Je vais vous donner un exemple : il y a 91 hôpitaux psychiatriques en France, mais seulement 7 directrices, avec toutefois de nombreuses sous-directrices".

4. Thérèse est présidente d'une Association Nationale de Gérontologie, retraitée du poste de dirigeant de la Direction Nationale de la Santé, elle a reçu la médaille de la Légion d'Honneur. Divorcée, avec de grands enfants, elle déclare qu'en France les statistiques révèlent un nombre croissant de femmes qui veulent divorcer, parce qu'elles ont moins besoin de la sécurité matérielle qu'apporte le mariage. Elle souligne l'importance de sa mère pour sa formation : "Comme ma mère était très indépendante, je n'ai pas été élevée avec l'idée de devoir absolument me marier, mais avec celle d'avoir une profession et d'être indépendante : on m'a appris à avoir des objectifs dans la vie, comme les garçons".

5. Jacqueline, secrétaire générale adjointe d'une des plus importantes Fédération de Mutuelles, travaille à la caisse de maladie, maintenant détachée pour une activité syndicale dans la fédération nationale. Elle n'a fait que sa scolarité obligatoire : "je me suis formée sur le terrain, dit-elle, j'ai coutume de dire que j'ai fait mes études universitaires au syndicat". J'ai toujours travaillé très consciencieusement et j'ai profité des opportunités. J'ai du surmonter de nombreuses difficultés parce que c'est toujours plus difficile pour une femme de réussir naturellement les choses. J'ai pris part à de nombreuses luttes pour les droits des femmes, mais il y a beaucoup de préjugés contre les femmes cataloguées comme "féministes". Jacqueline est mariée et a deux grands enfants, mais elle dit : "J'ai eu de la chance, mon mari est aussi militant et soutient le féminisme. Nous avons lutté ensemble et les enfants ont reçu une culture qu'ils n'auraient pas pu recevoir, si nous étions restés dans un bureau".

6. Simone, responsable de recherche sanitaire dans une direction du Ministère Français du Travail, de la Santé et des Affaires Sociales. Elle a travaillé au préalable au commissariat du plan de la santé, puis pendant quelques années elle a fait partie du cabinet du ministère de la santé. Elle a de grands enfants.

c) Les suédoises

1. Birgitta, économiste de formation, a maintenant une position élevée à la Fédération des Conseils de Comtés, qui est l'organisation politique centrale des conseils de comtés : son comité exécutif est constitué de politiciens élus. Elle est aussi présidente du Bureau National pour l'Administration des Routes, une grosse organisation engagée dans l'administration des routes et de la circulation, et à ce sujet elle dit : "J'ai été nommée car cette fois-ci il y avait un réel désir d'avoir une femme, avant il n'y avait eu que des hommes et un changement était nécessaire". Elle a eu une vaste expérience à d'autres postes de haut fonctionnaire : pendant 15 ans, elle a travaillé au Ministère des Finances en qualité d'économiste, puis au parlement, puis au Ministère des Transports et des Communications elle a également été vice-ministre aux Transports, puis à la tête de l'administration de la circulation de sa ville et finalement directeur de recherche dans un institut de recherche sur les transports et les communications. Elle vient d'une famille très pauvre, mais ses parents

voulaient que leurs enfants fassent des études et ils ont fait beaucoup de sacrifices pour y parvenir.

2. Ingela a fait des études en économie et occupe actuellement un poste important au Ministère de la Santé et des Affaires Sociales. Auparavant, elle a travaillé au Ministère des Finances. Elle est jeune, elle n'a pas encore 40 ans. Ses parents sont de petits agriculteurs et il n'y avait aucune tradition d'études universitaires ou autres dans la famille, mais son frère, sa soeur et elle-même sont allés à l'université et ont maintenant de très bons emplois. Elle dit qu'il est très important pour elle de travailler avec des objectifs humanitaires et elle est aussi très intéressée par les relations internationales. Le seul obstacle à sa carrière est le fait qu'elle soit si jeune et que de nombreux postes de haut niveau sont pris par des hommes dans leur soixantaine qui se connaissent tous et forment un réseau serré.

3. Yvonne est Commissionnaire de Comté, et elle est responsable des services de santé. Elle est aussi adjointe au maire de sa ville, membre du comité exécutif de la Compagnie du Logement et membre de l'Institution Suédoise pour le Développement des Soins de Santé (SPRI) - une institution qui a pour rôle de programmer l'assistance médicale et sanitaire. Elle n'est pas allée à l'Université, mais dans une grande école et a suivi des formations. Elle est divorcée et a une grande fille, mais considère que sa famille n'a pas été un obstacle à sa carrière ; elle a rencontré quelques problèmes lorsque sa fille était petite et que son mari s'intéressait, comme elle, à la politique, mais ils avaient coutume d'emmener la petite à leurs meetings et "heureusement elle adorait lire". Cela a quand même été difficile lorsqu'elle travaillait à plein temps et qu'elle devait s'occuper de la maison à ses moments de libre.

4. Eva a un poste important à la tête du syndicat des infirmiers, des techniciens de laboratoire et des obstétriciens. Elle est infirmière professionnelle avec une formation universitaire et une spécialisation en soins intensifs. Elle travaille dans un grand complexe hospitalier dans une unité de soins intensifs. Elle s'occupe également de coopération internationale dans une association de solidarité pour la Palestine. Un facteur important dans son éducation a été que lorsqu'elle était enfant, on lui a enseigné que tous les êtres humains étaient égaux et qu'ils devaient avoir les mêmes chances. De plus, on lui a aussi appris à considérer que l'on peut faire ce que l'on veut si l'on est réellement déterminé et cela lui a donné beaucoup de confiance en elle. "Je suis aussi très obstinée, dit-elle, et je veux faire beaucoup de choses. Pour moi, un poste n'a jamais été important en soi, mais je voulais changer les choses". Elle n'a pas d'enfant, elle vit avec un compagnon qui est également très occupé, aussi elle considère que si elle avait un enfant, cela poserait un problème.

5. Lena occupe un poste de direction au Bureau National de la Santé et des Affaires Sociales, organisme de conseil du Ministère constitué d'experts qui contrôlent et qui suivent le développement du secteur médical. Lena a suivi une formation en cardiologie et auparavant elle était à la tête d'un centre de recherche dans un grand hôpital universitaire. Elle a eu beaucoup de succès en tant que médecin et dans le secteur de la recherche. Mariée, trois enfants, elle dit qu'il est très difficile de concilier la famille et le travail, aussi parce qu'en Suède il n'est pas facile de trouver du personnel. Son mari "participe".

Ces rapides profils de 16 femmes ayant des postes importants dans les services sociaux de leurs pays montrent que ces femmes sont fortes, extrêmement déterminées, et qu'elles se sont engagées dans leur formation personnelle bien au-delà de leurs études officielles, y compris, dans de rares cas (Jacqueline et Yvonne) celles qui n'ont pas fait d'études universitaires. Ce sont des femmes qui ont eu une riche carrière professionnelle, dans différents domaines, et qui, en dehors de leur travail, ont pris d'autres responsabilités sociales et associatives.

Presque toutes ont une famille et des enfants, souvent plus d'un. Le fait d'avoir une famille et des enfants n'est pas considéré comme une restriction à leur carrière dans le cas des suédoises qui ont pu bénéficier de services raisonnablement efficaces pour la garde d'enfants et peut-être même "de l'aide" de leur mari (bien que dans ce pays, comme certains l'affirment, la tradition culturelle conçoit mal le fait d'avoir recours à du personnel à domicile). Elles se sentent plutôt soutenues par une forte culture d'égalité des chances et stimulées par leur famille à aller de l'avant, même lorsque la famille est pauvre ou d'une classe sociale peu élevée.

La situation est tout à fait différente pour les italiennes et les françaises : le peu de compréhension de la part des maris pour la carrière professionnelle de leur femme, la charge excessive de travail qui comprend "la double présence" et le manque de collaboration pour s'occuper des enfants ont constitué les motifs de divorces d'au moins trois françaises et de deux italiennes et pour les autres, cela a impliqué de gros sacrifices dans leur carrière et du stress personnel, même si elles ont trouvé l'énergie dans leur propre volonté, la force de poursuivre leur carrière tout en s'occupant de la famille et des enfants.

4.3 Accès aux postes élevés et processus de sélection professionnelle

Deux entretiens français ont démontré les contradictions qui existent en France entre les principes constitutionnels d'égalité et la situation réelle : "Il y a encore beaucoup de discrimination dans ce pays, observe Jacqueline, aucun des principes constitutionnels n'est appliqué. Nous sommes actuellement confrontés à une situation contradictoire : le droit des femmes à l'égalité est considéré comme acquis, mais en fait les femmes ont peu d'accès aux postes de pouvoir. Je pense que le pouvoir est un facteur extrêmement pervers ; de nombreux hommes s'accrochent à leur position et s'opposent au fait de devoir travailler sous les ordres d'une femme". Thérèse parle aussi de paradoxe et ajoute que même dans le secteur public qui est "moins sexiste que le secteur privé" il y a peu de femmes aux postes de pouvoir même lorsque les femmes sont meilleures que les hommes parce que "pour avoir ces postes, elles doivent encore être meilleure". D'autre part, comme le fait remarquer Simone, dans le secteur de la santé en France, le pouvoir décisionnaire au niveau du gouvernement et même du parlement est très faible. Jacqueline pense que les assurances de santé constituent un domaine masculin et que la présence de femmes à des postes élevés est inversement proportionnelle à celle représentée par les employés : ce n'est qu'en 1986 qu'une femme a été élue pour la première fois au comité exécutif de la Fédération à laquelle elle appartient.

En dépit d'une présence plus marquée des femmes dans la prise de décision, par rapport aux autres pays, deux suédoises interrogées soulignent que, même dans leur pays, les positions supérieures occupées par les femmes ne correspondent pas à leur présence effective dans les professions de ce secteur (Birgitta). Eva constate que bien que 50 % des politiciens au Parlement et aux Conseils de Comté sont des femmes, dans les hôpitaux 70 % des directeurs sont des hommes, de même que la plupart des médecins.

Si l'inégalité persiste en matière d'accès au pouvoir décisionnaire, nous devons en chercher les raisons. D'abord, les femmes interrogées dans les trois pays ont souligné, quoique de manière différente, la différence de prestige des professions médicales selon qu'elles sont exercées par des hommes ou par des femmes. Même dans la même profession, on constate d'une part une hiérarchie de pouvoir distincte dans diverses spécialisations, et d'autre part que le processus de sélection est toujours conditionné par des préjugés qui en fait mettent les femmes en position défavorable.

A ce propos, une italienne (Paola), rappelle que la moitié des étudiants en médecine sont des femmes et qu'elles représentent 40 % de ceux qui réussissent leur diplôme, mais alors la sélection commence : "Dans une carrière telle que celle de chercheur ou de professeur à l'Université, il y a vraiment un obstacle, un préjugé. La classe des médecins ne veut pas de femmes parmi eux, la sélection est faite par les professeurs d'Université qui sont tous des hommes et favorisent les personnes de leur propre sexe : ils choisissent à qui confier les tâches à accomplir et les malades. Il n'y a pratiquement pas de femmes chirurgiens parce que le chirurgien en chef choisit qui va opérer à sa place et il choisit toujours un homme ; en pédiatrie ou dans d'autres branches où un même patient peut voir plusieurs médecins, les femmes peuvent acquérir de l'expérience, mais en chirurgie les femmes sont exclues. Une autre raison de leur exclusion vient de ce que les femmes cèdent moins au compromis que les hommes, elles refusent de fermer les yeux devant une erreur. C'est peut-être parce que nous les femmes devons travailler si dur pour atteindre un poste élevé et pour y parvenir nous devons démontrer que nous sommes valables, et que nous ne voulons plus accepter ce genre de choses".

Une autre italienne, Elsa, nous rappelle qu'en Italie l'indépendance professionnelle des psychologues n'est toujours pas reconnue, donc qu'ils n'ont pas le droit de pouvoir diriger, et qu'ils se retrouvent dans des unités opérationnelles dirigées par des figures médicales.

Simone observe qu'en France il existe une hiérarchie étroite même dans la branche de formation suivie : les positions supérieures de direction publique sont occupées par des gens qui proviennent de l'Ecole Nationale d'Administration (ENA), alors que l'Ecole Nationale de Santé Publique forme principalement des directeurs d'hôpitaux et n'a pas un grand prestige.

Une autre française interrogée, Thérèse, fait également référence à la présence variable des femmes dans les différentes professions médicales. Le métier d'infirmier, dit-elle, est principalement une profession féminine, et très sous-estimée ; il est donc juste de revendiquer le respect de cette profession. Dans les professions médicales, on trouve beaucoup de femmes dans des domaines comme l'anatomie, la pathologie, l'ophtalmologie, là où l'organisation du travail offre plus de liberté ; beaucoup de femmes se sont spécialisées en gériatrie ou dans d'autres secteurs qui n'ont pas beaucoup de prestige. "En France, il se trouve que lorsqu'une profession respectée et bien payée est banalisée, alors le nombre de femmes qui la pratiquent augmente ; la profession médicale était considérée comme presque sacrée lorsqu'il y avait peu de femmes qui la pratiquaient, alors que maintenant leur nombre a augmenté et le statut de médecin a baissé. Je pense que le fait qu'il y ait si peu de femmes chirurgiens est dû aussi à un facteur culturel qui voit les femmes comme protagonistes soignant, mais sans l'aide d'un couteau. Les femmes ont toujours choisi de soigner avec des herbes, de la volonté et des potions... Ce n'est pas une question technique liée à la capacité, c'est culturel".

Quant à la perte de prestige des professions qui se féminisent, Danielle observe : "Souvent, on entend dire qu'une profession perd du prestige lorsqu'elle comprend autant de femmes que d'hommes. La seule façon de surmonter cet obstacle est d'avoir autant de femmes que d'hommes partout". Catherine souligne l'existence d'un comportement machiste de la part de ses collègues masculins qui, dit-elle "vous considèrent d'abord comme une femme, puis comme une collègue. Il est rare que vos collègues vous fassent confiance, vous devez vous faire votre propre place et gagner leur confiance très lentement".

ooo

Le thème de la présence variable des femmes dans diverses professions de santé est également repris par les suédoises. Ingela pense qu'il y a des différences en Suède également : les femmes constituent plus de la moitié des étudiants en médecine, mais seulement un cinquième des Professeurs ; de plus, ici aussi il existe des stéréotypes et il y a plus de femmes que d'hommes infirmiers, et plus de femmes médecins généralistes et plus d'hommes chirurgiens. Lena ajoute que les étudiantes en médecine sont traitées différemment par les Professeurs et que certaines spécialisations, comme la cardiologie, sont considérées comme territoire masculin : "Je pense, ajoute-t-elle, que dans le monde occidental seulement 7 % des cardiologues sont des femmes, en Suède le pourcentage a légèrement augmenté ces dernières années, mais il reste autour de 12 - 15 %". Pour contourner ces problèmes, le plus grand centre hospitalier de Stockholm a mis sur pied un programme de "tutorat" pour chaque nouvel(le) étudiant(e) en médecine pour l'aider à publier et à obtenir un poste universitaire ou autre poste intéressant.

Birgitte pense que les femmes n'atteignent pas les positions élevées car elles travaillent dans des professions non qualifiées. En Suède, dit-elle, les hommes et les femmes ont les mêmes possibilités d'études même lorsqu'ils proviennent d'une famille pauvre, il est naturel que les filles fassent des études et travaillent et que le travail de la maison soit réparti entre les hommes et les femmes.

Eva, par contre, met plutôt l'accent sur la faible valorisation des professions et des connaissances féminines plutôt que sur les choix d'études des femmes : "Dans le secteur médical, il y a une forte tradition qui veut que les médecins ont une connaissance effective et nous les infirmières avons dû nous battre pour pouvoir émerger et que les personnes ayant le pouvoir décisionnaire en matière de santé nous écoutent en tant que détentrices d'un type de connaissances différent de celui des médecins. Dans le secteur médical, il y a la médecine et il y a l'art de soigner, si plus d'attention était accordée aux soins il y aurait plus de femmes aux positions décisionnaires. Cependant cela constituerait une menace pour les médecins, et les politiciens ne veulent pas interférer avec les professions. La santé est toujours un secteur très hiérarchisé, les infirmiers ont toujours beaucoup de responsabilités dans la pratique, mais très peu de pouvoir formel. Je pense que le travail dans l'assistance de santé est organisé de façon à ce que les infirmiers ne puissent pas utiliser leurs connaissances, ils ont été progressivement dépréciés et ceci a causé une perte de connaissances et d'argent".

4.4 Engagement familial et estime personnelle

Elsa est confrontée au problème de l'impact de la "double présence" (au travail et dans la famille) de femmes dans le cadre de son expérience professionnelle, c'est à dire des troubles mentaux. Il semble donc juste de commencer par son témoignage. "La cause des difficultés qui émergent dans la vie quotidienne est la même dans des contextes différents : c'est toujours la femme qui a la charge des responsabilités qui l'empêchent de suivre une carrière. L'homme peut récupérer son énergie dans la famille, la femme n'a pas cette possibilité et elle se rend au travail fatiguée. De plus, elle est aussi limitée par l'absence de congés maternité et par les difficultés pour aller suivre des cours de formation et de remise à jour. Le fait que l'on ne reconnaisse pas son double travail et la légitimité de sa fatigue, amène la femme à considérer que sa fatigue est un problème mental, une mauvaise adaptation subjective et non pas une conséquence de ses conditions de vie". Poursuivant cette analyse, Elsa ajoute qu'il est important de reconnaître que la charge de travail des femmes est excessive et elle leur demande de déléguer aux autres, à la fois dans la famille et au travail. "Les femmes ne savent pas se sortir d'une situation, aussi elles finissent par tout faire, se mettent en colère, ne sont pas remerciées pour ce qu'elles font, se fatiguent et ensuite les premiers symptômes arrivent et c'est la tragédie".

Paola pense aussi que les femmes abandonnent l'idée de prendre davantage de responsabilités parce qu'elles ne peuvent pas concilier l'énorme charge de travail d'un poste de dirigeant avec les exigences familiales. "La relation avec le mari est mise chaque jour en balance avec l'intérêt du travail ; j'ai vu beaucoup de mes collègues femmes refuser des tâches parce que leur rôle de mère ou d'épouse ne pouvait pas être tenu par quelqu'un d'autre. Je crois plutôt que c'est différent lorsque l'on a des enfants, parce que, en particulier lorsque l'enfant est petit, on peut l'emmener avec soi".

Anna souligne que, en dehors des responsabilités familiales, d'autres facteurs jouent un rôle important, comme : le fait de devoir se battre pour suivre une carrière et l'attitude culturelle traditionnelle selon laquelle les femmes doivent être plus orientées vers la famille que vers le travail. A ce sujet, elle pense qu'il est important de faire passer des messages différents aux femmes concernant le travail, ce qui peut amener une augmentation progressive de leur participation".

Grazia remarque l'absence de services pour les petits enfants et souligne le fait que dans une ville comme Naples, pleine de bébés, il n'y a que trois crèches publiques pour un total de 120 bébés. De plus, les horaires d'ouverture et de fermeture des jardins d'enfants et des écoles primaires ne coïncident pas avec les heures de travail et personne n'a jamais pensé à résoudre ce problème.

ooo

Par comparaison avec la plupart des régions italiennes, les services pour les petits enfants en France sont beaucoup mieux organisés, mais là aussi la culture dominante place la charge du travail de la maison et des enfants sur les épaules de la femmes. Ce n'est donc pas par hasard que toutes les personnes de France répondant au questionnaire soulignent le fait que s'occuper d'une famille restreint beaucoup la carrière professionnelle des femmes.

Marie, qui est employée dans des activités nombreuses et variées au niveau professionnel et au niveau municipal, affirme que la vie d'une femme change totalement lorsqu'elle a des enfants et que le plus grand obstacle pour les femmes est précisément le manque de temps. "Le temps que nous passons dans une association municipale, nous le prenons à notre famille ; nous devons apprendre au père à garder les enfants lorsque la mère a une réunion le soir. Un autre obstacle, c'est la façon dont les hommes considèrent les femmes, leur soif de pouvoir et leurs doutes quant à la façon dont les femmes gèrent la politique : à qualifications égales, les femmes doivent toujours se surpasser. Les femmes ont réalisé qu'elles ont un rôle à jouer et jour après jour elle doivent se battre pour s'imposer, croire en elles et gagner la confiance des autres. Je ne crois guère aux quotas, la motivation vient de nous ; c'est dans le caractère des femmes de dire : "je vais faire ça et après je verrai quels sont les résultats" et ensuite " "j'ai réussi, maintenant on peut continuer" et je constate que nous réussissons à gagner un peu de terrain petit à petit, comme la mer sur la plage".

Simone pense que les obstacles sont principalement subjectifs : le peu d'estime personnelle des femmes, leur tendance à battre en retraite, à se demander si "ça vaut vraiment la peine", mais elle admet ensuite qu'un grand nombre de femmes sont vraiment seules pour résoudre les nombreux problèmes concrets dans l'éducation des enfants, avec les emplois du temps.

Thérèse est d'accord également pour dire que ce qui empêche les femmes d'occuper des positions de direction, c'est surtout une condition psychologique subjective : un conditionnement plus ou moins conscient qui force les femmes à considérer que s'occuper des enfants et de la maison est prioritaire. C'est incroyable, dit-elle, que lorsqu'un homme est laissé seul avec ses enfants, tout le monde trouve qu'il n'a vraiment pas de chance, alors que lorsqu'une femme est seule, elle n'a qu'à se débrouiller. Elle met en garde sur le danger de l'extension du travail à temps partiel "qui place la femme dans une situation de grande soumission économique et de perte de pouvoir d'une façon qui est en apparence confortable, alors que dans le même temps son "seigneur et maître" est engagé dans des "affaires sérieuses". Thérèse pense que le chemin vers l'égalité est très long, et que 2 ou 3 générations sont encore nécessaires. Cela dépend beaucoup des mères, qui encore aujourd'hui ne poussent pas leurs filles à des postes de pouvoir. L'objectif doit être l'égalité, mais il faut que l'égalité commence à la base : "S'il n'y a pas beaucoup de femmes à la base, alors il ne peut pas y en avoir aux postes les plus élevés. Je ne crois pas aux mesures spéciales qui permettront aux femmes d'accéder à ces postes, je crois plutôt aux mesures indirectes comme, par exemple, donner aux infirmières la direction de services infirmiers".

Jacqueline mentionne également le fait que les femmes sous-estiment leurs propres responsabilités, mais aussi que beaucoup d'hommes n'accordent aucune considération à la responsabilité de gérer un foyer et d'élever des enfants. "Si l'on considère, dit-elle, que dans notre pays il y a eu une augmentation de familles monoparentales de 200.000 à 1.200.000, il est évident que cela pose des problèmes : les femmes doivent faire des efforts considérables pour se former, être disponibles et ouvertes alors qu'elles sont seules avec leurs enfants, mais si l'on veut réellement promouvoir les femmes au même niveau de responsabilités que les hommes, alors il faut leur donner les moyens de le faire, comme, par exemple, des formations sur le lieu de travail".

Pour Catherine, un des principaux obstacles à la carrière des femmes est le nombre d'heures de travail nécessaires à la position de directeur ou de dirigeant. "En France, dit-elle, un dirigeant doit être prêt à travailler 50 heures pas semaine, jusqu'à environ 19 h le soir, sinon il n'est pas pris au sérieux. Ceci est un grand obstacle pour les femmes qui ont des responsabilités familiales. Un autre obstacle, ce sont les concours administratifs qui imposent une mobilité géographique dans tout le pays ; cela ne convient pas aux différents programmes de la famille et il faut prendre des décisions difficiles".

ooo

Il est probablement erroné de dire que les problèmes de double charge pour les femmes, au travail et à la maison, n'existent pas en Suède. Cependant, une situation tout à fait différente émerge des entretiens, par rapport à la France et à l'Italie. Bien que le problème de manque de temps pour les femmes existe aussi en Suède, toutes les personnes interrogées ont souligné le rôle important joué par la culture d'égalité dans ce pays et des services développés partout pour les enfants en bas âge.

"Nous pensons, dit Birgitta, que les enfants ont besoin d'être avec d'autres enfants. Ici en Suède ont a droit à un "Service de jour" pour les bébés ; en tous cas, 85 % des femmes mariées avec des enfants travaillent. Il est normal pour les femmes de travailler en dehors de la maison, même si beaucoup travaillent à temps partiel". Birgitta souligne aussi qu'en

Suède chaque institution est tenue par la loi à une Politique d'Egalité pour les hommes et pour les femmes, aussi parce que l'on a trouvé que les femmes ont des qualités professionnelles qui méritent d'être valorisées et qu'avec des femmes aux postes élevés, on y gagne en qualité. Par exemple, au cours des dernières années, ce sont principalement des femmes qui ont été nommées à la tête des hôpitaux de Stockholm.

Toujours sur le sujet de l'efficacité des services de garde d'enfants, Ingela nous rappelle que la Suède, juste après l'Irlande, est le pays où il y a le plus de naissances, et elle ajoute : "S'il est vrai que les femmes ayant une carrière ont des difficultés pour concilier maternité et travail, il est vrai également que les jeunes hommes ont le même problème s'ils veulent être de bons pères".

Toujours d'après Yvonne, la garde des enfants en Suède n'est pas un problème parce qu'elle est bien organisée, mais elle pense que le manque de temps reste effectivement un problème pour les femmes ayant une position similaire à la sienne. Elle se souvient cependant que parfois les règles ne correspondent pas aux exigences des femmes parce qu'elles ont été écrites par des hommes, et elle donne l'exemple de la réglementation de son conseil municipal qui ne prévoit pas le remplacement temporaire d'un membre du conseil pour des raisons de maternité, aussi, lorsque cette situation se produit, la réglementation doit être modifiée pour qu'une autre femme puisse remplacer celle qui est en congé maternité.

Pour Eva, par rapport aux autres pays européens, les suédois participent beaucoup plus aux tâches domestiques, même si ce sont toujours les femmes qui ont la responsabilité et les hommes qui "aident". "Des études menées montrent, dit-elle, que lorsqu'un homme rentre à la maison, son niveau de stress tombe, alors que lorsqu'une femme rentre à la maison, son niveau de stress augmente parce qu'elle continue à faire encore plus de travail". De plus, d'après elle, les municipalités commencent à réduire les fonds pour les "Centres de jour" et à cause de cela un grand nombre de femmes travaillent à temps partiel: par exemple, en Suède, 53 % des infirmières (contre 19 % des infirmiers) travaillent à temps partiel. Eva dit que, toutefois, il y a une autre raison qui empêche les femmes de prendre des responsabilités : c'est le manque d'estime personnelle qui, par exemple, conduit les femmes à toujours sous-estimer leur travail lorsqu'elles en parlent, alors qu'un homme va le décrire, même s'il s'agit du même travail, comme étant beaucoup plus complexe. C'est pour cela que son syndicat fait un gros travail en matière d'estime personnelle et pour faire prendre conscience aux femmes de l'importance de leur rôle et qu'elles doivent décrire leur travail de façon adéquate. Le syndicat a également mis sur pied des cours spécifiques de négociations pour les femmes pour les aider à prendre plus de pouvoir.

Lena pense plutôt que le manque d'estime personnelle et de motivation n'est pas un problème grave en Suède, comme c'est le cas dans d'autres pays, du moins pour la nouvelle génération de femmes. Le travail politique mené jusqu'à présent, poursuit-elle, "a abouti à une situation où l'on considère comme tout à fait normal que les femmes aient des opportunités, et les organismes décisionnaires qui comportent peu de femmes sont regardés avec beaucoup de suspicion". Plusieurs des personnes interrogées en Suède ont mentionné qu'un facteur important pour renforcer leur estime personnelle, a été la présence d'un membre de leur famille qui les a encouragées à être fortes et indépendantes.

4.5 La contribution novatrice des femmes dans les politiques de santé

Les conclusions du chapitre précédent ont montré l'importance d'une participation équilibrée des femmes dans la prise de décision en matière de santé, non seulement pour des raisons démocratiques, mais également parce qu'elles apportent des idées nouvelles, d'autres types de priorités, des façons différentes de traiter les problèmes et d'aborder les processus décisionnaires. On s'est rendu compte que les femmes sont d'accord sur ce point dans tous les pays européens. C'est encore plus évident dans les entretiens approfondis sur ce thème : comme nous allons le voir, même si les femmes soulignent ou insistent sur différents aspects, il y a une grande homogénéité des points de vue entre les italiennes, les françaises et les suédoises.

Pour Elsa, les femmes peuvent apporter des changements : comme elles sont plus en prise directe avec les problèmes pratiques, quotidiens, elles ont acquis un certain pouvoir et il est juste qu'elles puissent "mener les affaires". Si, dans le choix d'un dirigeant, on recherche la productivité, alors il faut faire ressortir la compétence des femmes avec la "capacité de considérer les choses dans leur ensemble" qu'elles ont acquise du fait de leur charge de travail quotidienne. "Une femme peut faire deux, trois choses en même temps : faire et penser. La force des femmes est de ne pas dissocier le travail matériel du travail intellectuel". Comme exemple de la différence des méthodes d'intervention des femmes, Elsa parle de la méthode utilisée par son équipe : tout d'abord écouter le patient, comprendre les premières causes de son malaise, faire de la prévention immédiate et identifier les facteurs de risque, éviter, si possible, le recours à des médicaments. Elle ajoute : "Peu de psychologues et de médecins hommes utilisent nos méthodes parce qu'ils ont l'idée préconçue que derrière toute pathologie se cache un problème organique qui doit être soigné par des médicaments".

De même, Ana souligne l'importance de la présence des femmes au niveau de la prise de décision du fait de leur contribution novatrice et de leur capacité à écouter. Puis elle insiste sur la manière particulière qu'ont les femmes d'organiser leurs services : "les hommes généralement n'ont pas un type d'organisation communautaire, une femme qui devient directrice peut introduire un nouveau modèle : elle peut se concentrer sur ce qui a été le plus négligé, sur la psychothérapie, le recueil d'informations, la réadaptation (le recours aux médicaments est masculine). Il est important de développer une nouvelle orientation dans l'organisation des services ; une femme dirigeante peut imposer que les soins deviennent la tonalité dominante du service et qu'ils soient valorisés. L'organisation du travail dans les hôpitaux peut changer : les utilisateurs et les opérateurs peuvent être écoutés. Chaque matin, nous nous réunissons brièvement. Je travaille dans ce service, qui n'est pas facile et principalement masculin, sans imposer, mais en donnant l'exemple, juste en travaillant, en faisant mon boulot. Depuis que je suis directrice, les hommes qui travaillent pour moi ont changé d'attitude".

Paola pense aussi que les femmes peuvent rendre l'organisation des hôpitaux plus efficace et plus accueillante et que les femmes peuvent apporter des cultures et des priorités différentes. Un paradoxe ressort de son entretien : "Les commissions de bioéthique (qui doivent exister dans chaque structure médicale) sont composées d'hommes ; donc, une commission qui doit décider de l'insémination, de l'avortement, etc. est totalement masculine !".

Sur les différents types de direction, Grazia déclare : "Les hommes disent "c'est un ordre de la direction", j'aimerais plutôt que chacun puisse collaborer à la prise de décision et qu'il l'exécute, convaincu que c'est la meilleure solution". Grazia pense aussi que même dans l'organisation d'un service, dans l'attribution des horaires des équipes, il est important de prêter attention aux exigences des femmes, au fait qu'elle a des enfants et faire ce qui est possible pour lui permettre de garder son travail. "Si cette femme a des enfants et que moi, avec des ordres de la direction, je bouleverse ses activités avec ses enfants, alors dans cinq ans je retrouverai ces enfants dans une clinique du planning familial, dans un SERT

35

(service de drogués, tests du HIV). Comprendre cela signifie faire de la prévention à moyen terme".

Toujours pour Grazia, en outre, les femmes abordent certains problèmes sous un angle différent, en particulier en matière de grossesse et d'accouchement, parce que les femmes savent ce qu'il se passe à ces moments. Même en matière de cancer du sein, une femme médecin aura une plus forte participation avec la patiente, alors que pour un médecin homme, le sein n'est qu'un organe parmi d'autres. Pour les accouchements, un des problèmes est que les femmes ne sont pas bien accueillies et il y a toujours beaucoup de précipitation : "comme la salle d'accouchement ne peut pas être monopolisée pendant des heures, une femme, au bout de six heures de travail, est envoyée dans un bloc opératoire pour césariennes, alors que si on lui avait laissé plus de temps, elle aurait pu accoucher normalement. Les chiffres italiens confirment l'excès inutile de blocs opératoires pour les césariennes du fait de l'organisation de l'hôpital et ceci ne se produit pas dans les autres pays". C'est pour cela que Grazia participe à des formations pour les opérateurs masculins et féminins pour leur apprendre comment accueillir les femmes enceintes. Pour ce qui est des priorités de politiques médicales, Grazia souligne l'importance des bébés, des nouveaux-nés : c'est à partir de là que la prévention des handicaps et de la marginalisation commence. Si nous ne prêtons pas attention aux bébés fragiles et dénués socialement, ils seront marginalisés et nous les retrouverons plus tard hospitalisés, dans les SERT, délinquants et les filles dans des cliniques du planning familial pour avorter parce qu'encore terriblement jeunes. "Nous connaissons l'itinéraire de ces jeunes, nous pourrions les prendre en charge, les suivre et les aider pour leur éviter ce parcours".

ooo

Les réflexions des françaises ayant répondu au questionnaire sont très proches. Michèle et Jacqueline, par exemple, soulignent la sensibilité différente des femmes et leur insistance sur la prévention. Pour Michèle, les femmes ont un regard plus pratique, elles sont mieux capables d'écouter, elles sont plus tournées vers la prévention ; de plus, elles sont également plus déterminées et lorsqu'elles ont un objectif, elles le poursuivent. Pour Jacqueline, l'approche différente des problèmes par les femmes, leur sensibilité concernant les problèmes de santé, la prévention, la marginalisation est une richesse qu'il ne faut pas gaspiller.

Simone observe que la présence des femmes aux postes élevés de prise de décision favorise la présence d'autres femmes aux mêmes postes, puisque les préjudices importants qui régnent à leur encontre disparaissent avec l'expérience. Elle mentionne aussi le fait que les femmes qui dirigent ont une approche complètement nouvelle pour une manière efficace de diriger et elles sont également capables de diriger des hommes. Bien que Simone pense que fondamentalement les priorités ne sont pas différentes pour les hommes et pour les femmes en matière de politiques de santé médicale, elle constate que les hommes insistent pour introduire les dernières technologies médicales plus souvent que les femmes, alors que ces dernières insistent sur la nécessité de s'occuper de la perte de santé dans la vie quotidienne, et donc sur l'importance de la prévention, de l'assistance aux personnes handicapées et aux personnes âgées, et des maladies infantiles.

En affirmant que l'expérience des femmes en matière de soins médicaux peut améliorer les services hospitaliers, Catherine observe que les traitements sont devenus très techniques et très déshumanisés : "Les infirmières et les opérateurs devraient apporter un peu d'humanité à l'environnement médical, mais en général ils ne le font pas parce qu'ils devraient se battre pour l'imposer au médecin tout puissant". Elle ajoute que les femmes comprennent bien la santé publique et la prévention, qu'elles sont capables d'évaluer les résultats à long terme.

alors que les hommes ont plutôt tendance à rechercher des résultats immédiats. En fait, Catherine constate que la France n'a toujours pas réussi à mettre sur pied des services efficaces en matière de planning familial, de grossesse et d'avortement.

Danielle reste sur le sujet du style particulier qu'ont les femmes pour diriger : "Les femmes, dit-elle, ont plus de considération pour les gens avec qui elles travaillent. Dans les rapports entre femmes, les problèmes familiaux sont beaucoup mieux compris et donc la répartition des tâches au travail est plus attentive. Alors que les hommes ont plutôt tendance à ne faire que donner des ordres, une femme tiendra compte de la vie personnelle de ses collègues et réussira à créer un environnement de plus grand respect". En matière de médicaments, Danielle constate que les femmes prennent plus de psychotropes, parce que lorsqu'une femme ne se sent pas bien, on lui prescrit immédiatement des médicaments, des tranquilisants et on la traite souvent d'hystérique.

L'autorité des femmes, pour Thérèse, est généralement moins rigide que celle des hommes et plus prompte à écouter, à entrer en relation avec les autres : "Les femmes cherchent généralement d'abord à obtenir des résultats, sans s'inquiéter de la façon dont ces résultats peuvent lui apporter un bénéfice personnel. Les femmes ont peut-être une vision plus globale des problèmes médicaux, elles sont plus inquiètes sur la façon dont fonctionne le secteur de la santé publique et sur les mesures d'accompagnement, car elles ont toujours accompagné quelqu'un de la naissance à la mort. La naissance et la mort ont été confisquées aux femmes par la médicalisation masculine de ces étapes de la vie". Thérèse souligne comment certains domaines médicaux qui concernent particulièrement les femmes n'ont pas été développés convenablement : c'est le cas de l'ostéoporose, de la ménopause, et de la vieillesse des femmes qui vivent plus longtemps, mais leur santé n'est pas suffisamment étudiée en terme de bien vieillir.

ooo

En ce qui concerne les sujets dont nous avons parlé dans ce paragraphe, les réponses apportées par les suédoises étaient généralement similaires à celles de leurs collègues italiennes et françaises : elles aussi soulignent le fait que les femmes apportent de nouvelles méthodes de travail et manière de diriger dans le secteur de la santé et que leurs priorités sont la prévention. Quelques différences peuvent être trouvées dans le fait qu'elles insistent sur l'importance des groupes mixtes afin de pouvoir bénéficier d'expériences diverses, sur la prise de conscience qu'en Suède les hommes ont eux aussi appris à apprécier la façon de travailler des femmes.

Birgitta résume ainsi les pensées des suédoises qui ont renvoyé le questionnaire : "La plupart des gens à des postes de direction, et la plupart des hommes, ont réalisé que les femmes ont des qualités qui doivent être valorisées et que s'il n'y a aucune femme aux postes supérieurs, cela revient à une perte de qualité. Il est bon d'avoir des groupes mixtes parce que cela permet de combiner différents modes de travail et de pensée, et c'est très important. Le fait d'avoir des femmes à des postes élevés du secteur de santé ajoute de la qualité à l'organisation. Les femmes ont une façon de travailler qui doit être encouragée, elles travaillent par réseau, en groupes, elles s'efforcent de parvenir à des accords, elles sont plus démocratiques, alors que les hommes ont une méthode plus hiérarchique. Dans le passé, les femmes aux postes élevés avaient tendance à imiter le style de direction des hommes, parce que c'était beaucoup plus difficile pour les femmes d'atteindre le sommet et elles devaient donc lutter contre les hommes avec les mêmes armes qu'eux, il fallait qu'elles soient très résistantes ; mais lorsqu'il y a beaucoup de femmes, comme dans le secteur de la santé, alors nous trouvons tout naturel de voir des femmes aux postes supérieurs avec une approche du travail et de la gestion du personnel plus féminine". Birgitta parle aussi de la recherche montrant comment les hommes et les femmes ayant subi une crise cardiaque sont traités différemment, et elle observe que la recherche médicale et pharmacologique s'est pendant plus longtemps penchée sur les hommes que sur les femmes.

Ce dernier point est aussi repris par Ingela qui observe que : "Les médicaments ont une influence différente sur les hommes et sur les femmes parce que la chimie de nos organismes est différente, mais la plupart des thérapies sont élaborées sur des hommes. Lorsque les médicaments sont testés, ces tests sont presque toujours effectués sur des hommes, mais comme le corps des femmes est différent, personne ne sait vraiment quels effets ces médicaments auront sur elles".

Yvonne révèle que de la façon dont le travail est organisé maintenant, les femmes aux postes supérieurs se sentent souvent seules parce qu'elles travaillent différemment, elles ont besoin de se parler, de comparer ce qu'elles font et elle ajoute : "Nous les femmes, ne pensons pas que nous perdons du prestige simplement parce que nous essayons d'arriver à un accord ; l'important pour nous, c'est le résultat. Les femmes s'expriment différemment des hommes, elles parlent un langage différent ; parfois, je me rends compte que j'ai dit quelque chose, et que cela a été interprété de manière totalement différente de ce que je voulais dire. Lorsque les hommes parlent entre eux, je pense qu'ils essaient de lire entre les lignes, alors que les femmes sont beaucoup plus directes et les hommes essaient de lire entre nos lignes, alors qu'il n'y a aucun sens caché dans ce que nous disons". Yvonne, comme les autres, pense que les femmes ont des priorités différentes en matière de politiques médicales et que certains domaines de l'assistance médicale se sont développés grâce à la présence de femmes à des postes élevés dans la santé : par exemple, dans les soins pour les personnes âgées, en traitant les dernières années de la vie, la douleur, les maladies chroniques, de la meilleure façon possible. "Ces choses, dit-elle, sont plus souvent à l'ordre du jour s'il y a des femmes aux postes décisionnaires. En médecine, par contre, il y a un statut hiérarchique : la chirurgie du cerveau a le plus haut niveau de prestige, mais le traitement des maladies chroniques a peu de prestige et lorsqu'il y a des femmes dans la prise de décision, ces domaines peu prestigieux reçoivent beaucoup plus d'attention".

Lena exprime les mêmes concepts, faisant référence aux données de la recherche qu'elle connaît de par son rôle actuel et de par son expérience précédente comme directrice de recherche dans un hôpital universitaire. La recherche effectuée sur des médecins stagiaires a montré que, par rapport aux hommes, les femmes sont plus "populaires" auprès des malades parce qu'elles leur consacrent plus de temps et qu'elles font preuve d'une meilleure compréhension et les patients trouvent que c'est plus facile de parler avec des femmes. De plus : "toute la recherche montre que les femmes sont plus intéressées par les aspects sociaux et psychologiques d'une maladie, alors que les hommes s'attachent plus à des mesures médicales générales, à faire des choses, à intervenir". A propos des médicaments, Lena pense qu'il ne fait aucun doute qu'ils ont un effet différent sur les femmes et sur les hommes parce que le métabolisme est différent, le nombre d'effets secondaires varie selon les sexes. Les femmes prennent plus de médicaments et on leur prescrit plus de sédatifs et de tranquilisants. Tout cela est bien connu grâce à la recherche récente qui a tenu compte des deux sexes.

Eva reprend aussi le sujet des effets différents des médicaments sur les deux sexes. Elle pense aussi que : "la raison qui fait que la chirurgie à coeur ouvert soit si prestigieuse et que la recherche dans ce domaine soit plus avancée que dans d'autres domaines, c'est qu'un plus grand nombre d'hommes ont des problèmes cardiaques et qu'ils sont plus nombreux à avoir eu des postes décisionnaires. C'est pour cette raison qu'il y a eu une plus grande tendance à résoudre les problèmes de santé des hommes que ceux des femmes ; si les hommes devaient prendre la pilule, par exemple, peut-être que la recherche dans ce domaine serait mieux menée". Comme les autres, Eva confirme que les femmes ne sont pas attachées aux méthodes habituelles, lorsqu'il faut résoudre un problème, elles recherchent plutôt de nouvelles méthodes et en matière de direction, elles cherchent à arriver à des accords.

ooo

Ce n'est pas une tâche facile que de résumer schématiquement toutes ces informations réunies à partir des expériences de vie et des connaissances des personnes qui ont répondu à notre enquête. Chacun ajoute des éléments de vérité personnelle à l'image globale et à celle de son pays. Tous décrivent les divers points de départ de femmes qui progressent vers des postes décisionnaires plus ardus : le moindre prestige des professions les plus féminisées, les difficultés d'être acceptées dans la prise de décision, l'organisation du travail, le manque de temps. Cependant, sur ces points, la situation des femmes suédoises semble être bien meilleure que celle des françaises et des italiennes. Tout cela dépend d'une meilleure organisation des services de garde pour les petits enfants, mais surtout d'un changement culturel plus profond - même s'il n'est pas terminé - qui ont apporté une plus grande égalité entre les hommes et les femmes. Un changement culturel qui, en Italie et en France, a encore beaucoup de chemin à parcourir.

La dernière partie de l'analyse a confirmé que toutes les personnes ayant répondu ont une position tout à fait similaire quant à l'importance de leur rôle dans la santé publique : une profonde conscience d'apporter de nouvelles méthodes de travail et de mener les équipes et d'avoir des priorités différentes de celles des hommes en matière de politiques médicales. Les femmes cherchent à obtenir des résultats dans le temps, plutôt que des résultats immédiats, elles s'intéressent également aux problèmes spécifiquement féminins. S'il y a une différence parmi ces personnes des trois pays, c'est qu'en Suède les hommes commencent à apprécier la contribution des femmes. De même, dans ce pays, les études médicales et pharmacologiques commencent enfin à prendre en considération les différences entre les deux sexes. Le mérite de la première étape importante revient à la présence des femmes dans les processus décisionnaires dans la santé.

Chapitre 5

CONCLUSION ET PROPOSITIONS

Pour faire la synthèse des principaux thèmes abordés dans notre recherche, nous dirons tout d'abord qu'elle a analysé la représentation inégale des hommes et des femmes dans la prise de décision de santé, puis les facteurs qui ont affecté la représentation féminine et finalement les contributions novatrices des femmes dans les politiques de santé. Nous allons maintenant passer en revue de manière synthétique les principaux résultats de cette recherche en les intégrant dans une vision plus générale, grâce à des publications appropriées à ce sujet. Nous pourrons alors conclure, apportant quelques suggestions issues du matériau collecté et des expériences mentionnées dans ces publications.

5.1 La disparité des sexes dans les opportunités de carrière

Notre recherche a d'abord montré que, malgré la forte représentation des femmes dans les professions de santé, pour ce qui est de l'égalité d'accès dans la prise de décision, il reste encore beaucoup à faire dans la plupart des pays européens. Les données recueillies au cours de notre recherche dans les 15 pays de l'Union Européenne ont révélé que, malgré une très forte représentation des femmes dans les institutions politiques de nombreux états membres de l'UE, la proportion de femmes aux postes supérieurs est très faible dans les hôpitaux, les Caisses de Maladie, les organismes de concertation et de négociation, les associations médicales et les syndicats médicaux. Cependant, nous avons trouvé des différences énormes entre les trois "principales régions européennes" (le Nord, le Centre et le Sud de l'Europe). En fait, d'après ces données, la participation des femmes aux niveaux décisionnaires supérieurs est plus élevée dans les cinq pays du Nord, caractérisés par un modèle de protection de santé "universel". Elle est inférieure, par contre, dans les six pays européens du Centre - caractérisés par un modèle "professionnel" - où la participation des femmes est particulièrement faible dans les Associations Mutualistes et les Caisses de Maladie. Dans les quatre pays du Sud de l'Europe, la participation des femmes aux postes décisionnaires représente, en général, le taux le plus bas, sauf dans les organismes administratifs publics. En conclusion, la participation des femmes dans la prise de décision est avantagée par le système public de protection de santé "universel".

L'enquête sur notre échantillon représentatif (à laquelle 220 femmes et 178 hommes ont participé) a montré que, par rapport aux hommes, les femmes sont souvent défavorisées dans leur carrière et leur accès au pouvoir, du fait : des critères de sélection requis pour les postes supérieurs, de l'attribution inégale des tâches, de l'accès réservé aux réseaux parallèles et aux "personnes influentes", etc.

Certaines différences notoires nous sont cependant apparues : par rapport aux pays du Nord de l'Europe, par exemple, les préjugés et les pratiques discriminatoires contre les femmes sont plus fréquents dans les pays d'Europe du Centre et du Sud. De plus, dans ces pays, la double charge de travail des femmes, au travail et dans la famille, est un obstacle important à leur accès aux rôles décisionnaires qui impliquent un très fort engagement en terme de temps. Souvent, ces femmes sont contraintes de faire des choix difficiles entre la famille et leur carrière ou de réduire leurs aspirations. Le nombre de femmes des pays d'Europe centrale et du Sud qui sont "célibataires", divorcées et sans enfants est un indicateur des choix auxquels elles sont confrontées ; on dirait presque, dans ces pays, que le fait de ne pas avoir de famille est un facteur positif pour la carrière des femmes.

Les entretiens qualitatifs avec des femmes italiennes et françaises aux positions supérieures confirment les résultats de l'enquête de manière très vivante. Ces entretiens ont aussi clairement montré que bien que le problème du manque de temps existe aussi pour les femmes suédoises, en Suède les responsabilités familiales n'empêchent pas aussi souvent l'accès des femmes aux postes décisionnaires que dans les deux autres pays. Ceci est dû à la grande disponibilité des services de garde d'enfants, à l'implication, même partielle, des hommes dans les responsabilités familiales et, principalement, à la culture d'égalité des chances existant dans ce pays. La combinaison en Suède d'un taux d'activité féminine élevé et d'un taux de natalité élevé semble le confirmer.

ooo

Pour ce qui est des obstacles à l'accès des femmes aux postes décisionnaires de haut niveau, les résultats de notre enquête concordent par de nombreux aspects avec les résultats de l'étude faite aux USA sur les opportunités de carrière pour les femmes et pour les hommes dans l'administration de la santé (Walsh, 1995). Tout d'abord, cette recherche montre également que, par rapport aux hommes, une bien plus grande proportion de femmes sont "célibataires" et sans enfant, ce qui, selon l'auteur, pourrait signifier que certaines femmes sacrifient leur vie personnelle à leur carrière, alors que d'autres femmes ayant une famille abandonnent leur carrière. De plus, cette recherche montre l'importance, pour les objectifs de carrière, des échanges avec les dirigeants supérieurs, l'importance de connaître des personnes influentes à l'intérieur de l'organisation et l'importance des réseaux parallèles ; toutes ces variables, les femmes n'y ont pas beaucoup accès. En particulier, on a trouvé que les femmes ont moins d'opportunités d'échanges avec les exécutifs qui peuvent être déterminants dans le développement de leur carrière (parce qu'ils peuvent rendre quelqu'un plus visible, lui confier des projets importants, fournir des informations sur les perspectives de carrière et lui donner l'accès aux réseaux parallèles).

Quant au fait que les femmes ont moins d'opportunités d'accès à l'information, aux réseaux parallèles et aux règles à suivre, qui sont particulièrement importantes dans l'administration publique, on a souligné le fait que : "Nous enregistrons un écart énorme entre le formalisme des prescriptions et le caractère informel des règles actuelles. L'organisation de l'administration publique est définie par des normes rigides et universalistes. En réalité, l'organisation fonctionne d'une manière différente et extrêmement informelle. Comme l'écart est très grand, il devient très difficile de décoder le fonctionnement réel de l'organisation". Dans cette situation, les femmes peuvent être désavantagées du fait "qu'elles ne sont particulièrement pas préparées à confronter ce lobby, ce travail informel, basé sur des ressources qui ne sont pas celles normalement prévues par l'organisation" (Beccalli, 1993, pp. 67-68).

ooo

L'enquête sur notre échantillon représentatif, de même que les entretiens qualitatifs, ont nettement soulevé la question de la participation différenciée des femmes dans les différentes professions de la santé : une moins forte proportion de femmes dans les professions médicales et une très forte participation dans les professions de santé non médicales dans tous les pays de l'Union Européenne. A ce propos, les femmes interrogées dans le cadre de l'étude qualitative en Italie, en France et en Suède ont souligné certains problèmes importants relatifs à l'accès aux postes de pouvoir. Tout d'abord, elles ont souligné le fait que la "féminisation" des professions entraîne leur dépréciation et une perte de prestige. Ensuite, elles ont souligné le moindre prestige des professions non médicales ;

en particulier les professions d'infirmier, de technicien et de sage-femme, mais aussi de psychologue, qui, en Italie tout du moins, sont sous l'autorité des médecins. Pour les femmes interrogées, cela conduit à la fois à une sur-représentation de médecins dans la prise de décisions de santé, et en même temps, à une dépréciation des professions qui ont une connaissance plus directe de la réalité et une meilleure aptitude à communiquer avec les patients. Aussi y a-t-il, au sein des professions médicales, une hiérarchie précise du prestige et du pouvoir dans les différentes spécialisations. Les femmes suédoises interrogées, ainsi que les françaises et les italiennes, ont toutes souligné ce point. Elles ont également souligné que les femmes médecins ont moins d'opportunités d'accès à certaines spécialisations médicales (en premier lieu en chirurgie) du fait de la sélection effectuée par les professeurs masculins au profit de leur propre sexe.

Pour ce qui concerne le fait que des femmes pratiquent une profession aussi exigeante que la profession médicale, les personnes interrogées ont parlé des difficultés rencontrées pour celles qui ont une famille ; parfois, ces difficultés peuvent aboutir au fait qu'elles abandonnent des rôles plus gratifiants. A ce sujet, il y a une vaste bibliographie pour les pays européens. Heuwing (1992), par exemple, écrit qu'à présent dans le monde entier, 40 % - 50 % des étudiants en médecine sont des femmes, mais que le pourcentage de femmes chez les praticiens varie entre 35 et 70 %, étant particulièrement élevé dans les pays d'Europe de l'Est où la profession médicale fait partie de celles qui ont le moins de prestige. L'auteur souligne également que les difficultés pour concilier la profession médicale et les responsabilités familiales sont communes à tous les pays, de même que les stratégies adoptées par les femmes médecins pour les surmonter (spécialisations médicales et emplois moins prometteurs, temps partiel, interruption de l'activité professionnelle pour des périodes plus ou moins longues). Ces stratégies, cependant, impliquent souvent une mise en retrait par rapport à leurs ambitions professionnelles. En conséquence, les femmes médecins se concentrent dans des spécialisations "protégées", telles que la psychiatrie, l'anesthésie, la pédiatrie. De plus, selon Heuwing, les carrières professionnelles sont souvent le résultat de relations personnelles et de sponsorat des jeunes médecins par le réseau des médecins plus anciens. En Allemagne, ainsi que dans la plupart des pays européens, d'après ce chercheur, il y a un grand nombre de bonnes étudiantes en médecine, elles réussissent bien dans leurs études, mais leurs problèmes commencent lorsqu'elles veulent construire une carrière à la fois du fait de discriminations et parce que la profession médicale nécessite beaucoup de temps.

Un autre auteur allemand (Muller, 1994), ajoute que les principaux handicaps sont la mobilité géographique réduite des femmes médecins et le fait que leur mari prend rarement part à la responsabilité de s'occuper des enfants. Un auteur autrichien (Glatz, 1995), constate que si la proportion des femmes médecins généralistes a bien augmenté entre 1981 et 1994, pendant la même période l'augmentation de la proportion de femmes chez les spécialistes médicaux a été négligeable, parce que les femmes subissent systématiquement une discrimination au moment de l'attribution des postes de spécialistes. La proportion de femmes médecins chefs en Autriche n'est que de 8 %.

Une étude menée dans les pays d'Europe du nord (Korremann, ed., 1994), souligne finalement que les femmes médecins sont plus souvent "célibataires", qu'elles ont une vision plus globale des problèmes des patients, qu'elles pensent que les tâches sur le lieu de travail sont inégalement réparties entre les hommes et les femmes, et qu'elles ont de moins grandes responsabilités de direction. Cette étude, par contre, n'a pas trouvé de différences significatives entre les sexes en ce qui concerne l'attitude face à la carrière et les qualifications, et dans certaines zones on a trouvé que les hommes étaient tout autant axés sur les malades, la famille et la coopération que les femmes. Donc, pour les auteurs, cette recherche montre que, dans les pays du Nord, une phase de transition est en cours, les hommes et les femmes se rapprochent dans leur comportement, leur perception du travail, de leur carrière, de leur valeur professionnelle ; cependant, les femmes estiment être confrontées à un système qui leur dresse des barrières.

ooo

Un autre thème intéressant notre discussion des handicaps rencontrés par les femmes dans leur accès aux organismes décisionnaires, c'est le type de personnes nécessaires pour ces rôles. Plus précisément, il faut bien comprendre si les femmes sont choisies parce qu'elles ont des attitudes et des caractéristiques similaires à celles des hommes, ou si c'est pour leur spécificité et pour la contribution novatrice qu'elles peuvent apporter. Sur ce point, les conclusions d'une étude des Pays-bas sur la représentation des femmes dans les organes consultatifs est intéressante. Comme l'écrit l'auteur : "La représentation des femmes implique, à notre avis, des arguments ayant à voir avec l'égalité, ainsi que des arguments ayant à voir avec la différence. Dans le contexte des organes consultatifs, la nature sexuée de l'expertise peut être examinée également... La représentation des femmes était une question, mais principalement pour son aspect d'égalité, de la recherche de femmes qui sont "pareilles", "des femmes de qualité". L'expertise chez les femmes n'a jamais été considérée comme nécessaire et parfois a été activement rejetée. Nous concluons que .... les femmes sont représentées, mais seulement lorsqu'elles sont devenues semblables aux hommes. ... Cependant, la recherche de femmes "semblables" aboutit parfois à ce que l'on trouve des femmes "différentes"". (Oldersma et Janzen-Marquard, 1994, page 23).

5.2 Continuité et changements : la contribution des femmes

Le sujet dont nous venons de parler introduit le thème du rôle des femmes dans la santé. Je voudrais tout d'abord faire remarquer que l'enquête effectuée sur notre échantillon, les françaises, les italiennes et les suédoises interrogées dans notre étude qualitative, ont montré que les femmes pensent que, dans les organismes où les décisions politiques de santé sont prises, le sexe est tout aussi important que la compétence et que leur participation dans ces organismes est importante non seulement par principe d'égalité, mais aussi et surtout pour la manière différente qu'ont les femmes d'aborder les problèmes de santé et pour leur grande expérience en matière de soins. De fait, les femmes du Nord aussi bien que celles du Centre et du Sud pensent qu'elles ont un point de vue différent de celui des hommes en matière de politiques de santé, un manière différente de diriger et que les femmes contribuent d'une manière nouvelle et appréciable au changement, parce qu'elles ont une vision plus globale ; elles ont recours à une méthode de travail basée sur la confrontation, sur le travail de groupe ou d'équipe, et parce qu'elles sont capables d'écouter les patients, les collègues et les personnes qui sont sous leurs ordres. Le résultat est que les soins en matière de santé sont plus efficaces du fait de leur connaissance plus globale des problèmes de soin et de leur meilleure façon de communiquer. En conclusion, cette approche est une richesse qu'il ne faut pas perdre, mais qu'il faudrait développer.

Un groupe de femmes à des postes de direction dans la santé à Naples travaille sur ces thèmes et a rédigé plusieurs documents. Ces documents déclarent que les femmes ont acquis une compétence dans l'activité de soins dans la famille et dans leur profession ; cette compétence n'est pas innée, mais acquise, et peut, donc, être acquise par tout le monde ; et cette activité de soins, devrait être considérée comme une méthode plutôt que comme un emploi, et à ce titre peut s'appliquer à tous les types d'emploi et peut être acquise par tout le monde (Comune di Napoli, Gruppo Salute, 1996).

Quant à la manière différente de diriger pour les hommes et pour les femmes, les résultats d'une recherche sur les hommes et sur les femmes qui ont été maires de mêmes villes américaines sont très intéressants (Tolleson-Rinehart, 1991). Cette recherche a également montré que les femmes accordent plus d'importance à la participation, à l'esprit collégial, au travail d'équipe et à la communication. De plus, selon l'auteur, la présence même des femmes modifie l'apparence du leadership politique ; cela signifie que, avec la présence croissante des femmes à des sièges de pouvoir politique, on peut s'attendre à ce que les hommes et les femmes comprennent le pouvoir et l'art de diriger d'une manière nouvelle.

ooo

Outre la méthode de travail et le style de leadership novateurs, notre recherche a également montré que les femmes inscrivent au calendrier des politiques de santé des priorités différentes de celles des hommes. Elles semblent accorder plus d'importance à la prévention, à la promotion de la santé, à l'intégration entre les services sociaux et les services de santé, aux soins des personnes âgées et des maladies chroniques, à la nécessité d'améliorer la vie de ceux qui sont en mauvaise santé. Les personnes interrogées ont de plus insisté sur le fait que les femmes font plus attention aux problèmes liés au domaine maternité-enfant, et plus généralement aux domaines concernant les problèmes spécifiques des femmes : la grossesse, l'accouchement, le soin du nouveau-né, la prévention du cancer du sein et de l'utérus, la ménopause, l'ostéoporose, les problèmes liés au vieillissement chez la femme. Pour synthétiser, les hommes semblent être plus disposés à prescrire des médicaments, à médicaliser, à avoir recours à des technologies avancées, à intervenir sur des pathologies graves - attaques cardiaques, chirurgie cérébrale, etc. - qui ont plus de prestige dans la hiérarchie médicale ; les femmes, au contraire, semblent avoir une vision plus large, rechercher des résultats à long terme, accorder de l'importance également aux secteurs peu prestigieux.

A tout cela s'ajoute l'argument que très souvent la recherche en pharmacologie ne prend pas en compte les différences de sexes dans ses expérimentations, alors qu'il ne fait aucun doute que de nombreux médicaments ont des effets différents sur l'homme et sur la femme, du fait des différences de métabolisme. Les suédoises interrogées mentionnent ce problème, insistant sur le fait que très souvent les médicaments sont expérimentés sur des hommes uniquement ; elles font également référence à certaines recherches qui attestent des différences de soin à apporter aux hommes et aux femmes. Je ne pense pas que le fait que ces recherches soient particulièrement développées en Suède soit une pure coïncidence. Je pense au contraire que, si la différence entre les sexes est prise en compte dans la recherche médico-pharmaceutique aujourd'hui, cela est dû, en partie tout du moins, à l'augmentation de la participation des femmes dans la prise de décision de santé. Entre autres, les indicateurs de l'efficacité de la santé que nous avons préalablement rappelés, révèlent une meilleure efficacité du système de santé suédois, dans le secteur maternité-enfant. A ce propos, Eduards (1995, cité dans la bibliographie) rappelle que plusieurs enquêtes menées en Suède ont révélé une corrélation entre une représentation des femmes au niveau politico-administratif forte et le développement de services sociaux, en particulier ceux destinés aux enfants. Eduards rappelle en outre que plusieurs études des Parlements nord européens ont montré que, lorsque les problèmes féminins sont pris en considération, c'est qu'il y a des femmes pour les inscrire au calendrier politique.

ooo

Il est intéressant de rappeler, à ce stade, une information très importante qui vient à la fois de l'enquête sur notre échantillon et de notre étude qualitative. Les femmes dans la prise de décision de santé, avec leur contribution novatrice dans leur méthode de travail, dans l'art de diriger et dans les choix politiques de santé, ont également amené un changement dans le comportement des hommes. Cela a été remarqué en particulier par les personnes interrogées ayant un rôle décisionnaire en Suède. De plus, du fait même qu'il y a une plus grande représentation des femmes en Suède, ces personnes interrogées, par rapport à leurs collègues françaises ou italiennes, insistent beaucoup plus sur l'importance de la participation à la fois des hommes et des femmes dans les prises de décision, parce que la pluralité est une richesse qui permet d'obtenir une vision globale.

Sur ces derniers points, le chercheur américain (Tolleson-Rinheart, 1991), rappelle que dans les pays scandinaves, où l'on trouve la plus grande concentration au monde de femmes élues, les choix politiques ont changé aussi. L'auteur maintient que la présence même des femmes a attiré l'attention générale sur les problèmes qui autrefois étaient considérés comme étant des préoccupations uniquement féminines, et il conclut : "Les femmes en position élue ont attiré l'attention sur, et ont inscrit au calendrier politique, des problèmes qui ont presque toujours existé, mais qui auparavant n'étaient pas considérés comme des sujets appropriés pour un débat politique. Maintenant, grâce aux efforts des femmes, ces questions "de femmes" sont de plus en plus admises comme étant des questions qui concernent le bien-être de tout le monde" (page 101).

En conclusion, une représentation plus équilibrée des femmes dans la prise de décision est importante, non seulement pour une question d'égalité dans la représentation, mais aussi, et surtout, parce que les femmes apportent de nouvelles valeurs, de nouvelles idées et un style nouveau et des méthodes nouvelles dans la prise de décision. De plus, dans les systèmes et les pays où, depuis quelque temps déjà, les femmes jouent un rôle important dans la prise de décision en matière de santé, l'attitude des hommes commence aussi à changer en leur faveur ; cela signifie que les hommes ont eu l'occasion d'apprécier l'importance de la contribution novatrice des femmes dans le domaine des politiques de santé.

5.3 Que faut-il faire : propositions et exemples de pratiques sérieuses

Il convient, à ce stade, de nous demander quelles stratégies devraient être adoptées pour assurer une juste représentation des femmes dans la prise de décision de santé. On peut trouver beaucoup de suggestions à ce propos dans nos entretiens, dans les publications spécialisées sur des sujets spécifiques, et dans les pratiques expérimentées dans plusieurs pays européens.

Tout d'abord, et principalement dans les pays où la culture d'égalité des chances n'est pas encore enracinée, des initiatives culturelles capables de véhiculer la connaissance sur les disparités existantes et sur les pratiques utilisées pour les surmonter sont très importantes. Des actions de culture générale sont fondamentales, comme par exemple : des campagnes de sensibilisation ; des actions visant à vaincre les stéréotypes culturels répandus, y compris dans les média, sur les professions de la santé ; des actions à l'école pour former les jeunes à une culture d'égalité des chances pour tous ; des actions visant à favoriser l'accès des femmes à de nouvelles professions. L'exemple suédois a clairement montré l'importance d'une orientation culturelle généralisée pour l'égalité des chances.

Ensuite, bien sûr, on a besoin de services sociaux adéquats pour les enfants, les personnes âgées, et les handicapés. Dans ce domaine, notre recherche a souligné l'importance des services sociaux mis en place dans certains pays européens. La Suède, par exemple, a mis sur pied tout un réseau de services pour les personnes âgées et pour les enfants (avec des activités pré-scolaires pour les enfants de 18 mois et plus). De plus, dans ce pays, la politique familiale comprend un congé maternité de 12 mois payés ; 450 jours de congé parental pour chaque enfant, âgé de moins de 8 ans, dont une partie (90 jours) doit être répartie entre le père et la mère. (En 1989, 45 % des pères profitaient du système de congé parental, alors que dans d'autres pays, comme en Italie par exemple, même si le cas était prévu, le pourcentage des pères profitant du congé parental serait insignifiant). Depuis 1983, le gouvernement suédois a instauré toute une série de projets, de séminaires, de publications, de groupes de travail, de programmes de formation pour les appelés militaires, dans l'objectif de stimuler les pères à bénéficier du congé parental. Tout cela a favorisé le taux élevé de natalité en Suède.

Des initiatives similaires pourraient être très importantes pour donner une orientation culturelle profonde dans les pays encore dominés par une culture traditionnellement masculine. Comme j'ai déjà eu l'occasion de le souligner (Vinay, 1995), les Institutions Publiques responsables de l'enseignement, les formations professionnelles et les orientations professionnelles pourraient faire énormément de choses dans ce domaine. Elles pourraient également jouer un rôle en créant un réseau de groupes de femmes et de professionnels de la santé, utilisant de nouvelles méthodes de travail dans la santé avec pour objectif de mettre en place, par la formation et l'information, l'application de ces méthodes parmi leurs collègues. Le Conseil Municipal de Naples a soutenu une initiative similaire en créant un réseau avec des femmes occupant des postes à responsabilités dans les institutions locales de santé ; en demandant à l'administration locale de santé de former des professionnels de la santé à prendre en compte les spécificités féminines, à mettre en place le modèle de travail des femmes, à tirer le meilleur profit de leurs capacités et à encourager la participation des femmes aux postes décisionnaires.

Le recours aux groupes de travail, aux réseaux est aussi suggéré par le Service National de la Santé Britannique (National Health Service) non seulement comme moyen pour obtenir une meilleure efficacité du système de santé, mais aussi comme moyen pour échanger des informations, développer des opportunités de carrière pour les femmes professionnelles de la santé, pour renforcer l'estime personnelle des femmes et développer leur force collective.

ooo

D'autres actions pourraient impliquer le changement des critères de sélection et la spécification claire des objectifs à atteindre dans les nominations gouvernementales, dans les nominations pour les organismes de conseil et de concertation. Par exemple, en 1988, le gouvernement suédois a adopté un programme en trois étapes : 1) rendre visible le manque de femmes au moyen d'enquêtes spéciales et de rapports statistiques annuels ; 2) établir des objectifs ciblés dans le temps pour augmenter la proportion de femmes dans les commissions et les comités d'Etat (30 % en 1992, 40 % en 1995), l'objectif final étant d'atteindre une représentation égale entre les hommes et les femmes ; 3) poursuivre toute action servant ces objectifs. Les nouvelles procédures, entre autres, vont dans ce sens : chaque organisation participant aux Commissions ou organismes d'Etat doit proposer deux noms pour chaque poste - celui d'un homme et celui d'une femme - ainsi, le gouvernement peut nommer des organisations équilibrées.

De même, le Service National de Santé Britannique a lancé tout un programme d'action en faveur de l'accès des femmes aux postes directoriaux en établissant des objectifs concrets en temps imparti. Ce programme, appelé Opportunité 2000, lancé en 1991, fait suite à une vaste étude sur la contribution novatrice des femmes dans la gestion de la santé. Au cours de la première période de mise en oeuvre de ce programme (1991-1994), la proportion de femmes directrices est passée de 18 % à 28 %, juste 2 % en dessous de l'objectif fixé. De nouveaux objectifs chiffrés spécifiques ont été fixés pour la seconde période d'application du programme (1995-1998), parmi lesquels, par exemple, l'augmentation du taux de femmes directrices jusqu'à 35 %. De plus, de nombreux fascicules ont été publiés pour informer les femmes dans les différentes professions de santé des opportunités de carrière.

En Irlande aussi, la Seconde Commission sur le Statut des Femmes (1993), ayant reconnu qu'il y avait une représentation tout à fait insuffisante des femmes dans la prise de décision des Institutions Irlandaises de Santé, a demandé au Ministère de la Santé de mettre en place un programme qui, entre autres, établisse des objectifs chiffrés spécifiques et qui prenne en compte l'équilibre des sexes pour les nominations dans les organismes de conseil et dans les hôpitaux (au moins 40 %).

ooo

Les partis politiques, quant à eux, devraient prendre leurs responsabilités. En Suède, par exemple, une partie d'entre eux au moins a pris pour principe qu'un nom sur deux dans les listes électorales soit celui d'une femme ; de cette façon, de plus en plus de femmes ont été élues au parlement et dans l'administration locale et régionale. Pour Eduards (1995), ce type d'auto-réglementation des partis politiques suédois est peut-être dû à la menace d'une organisation de femmes (Strodstrumporna) de construire un parti de femmes qui, d'après les sondages, aurait pu atteindre 40 % des votes (masculins et féminins) aux élections de 1994. En tout cas, cette auto-réglementation dans la préparation des listes électorales pourrait constituer un exemple pour les pays qui, en dépit de leur tradition démocratique, aujourd'hui encore ont une très faible représentation des femmes dans leur Parlement et, par conséquent, dans les comités de santé.

Les Syndicats et les Associations médicales devraient poursuivre leur objectif de représentation équilibrée des deux sexes au niveau supérieur. Le syndicat suédois du personnel non médical (infirmiers, techniciens de laboratoire, sage-femmes) a pris des mesures visant à encourager les femmes à prendre des postes de direction, (des programmes de formation spécifique sur la négociation et l'estime personnelle). Pour cela, nous pensons qu'il serait bien que les autorités chargées de la sélection des dirigeants dans le secteur de la santé tiennent également compte des caractéristiques professionnelles différentes de celles des professions médicales (comme celles des psychologues, des infirmiers, etc.) parce que la connaissance dont disposent ces personnes est une richesse qu'il ne faudrait pas perdre et qui pourrait contribuer à une meilleure organisation de santé.

En fait, la valeur et le prestige accordés à chaque profession de santé ne devraient pas être considérés comme absolus et immuables. Comme il a été écrit (Beccalli, 1994), la valeur attribuée aux différentes professions est en fait définie par la culture, par les relations sociales, par les relations de pouvoir. Il n'est donc pas faux de redéfinir les valeurs hiérarchiques actuelles, en outre parce que la soi-disant "objectivité" qui a prévalu à sa construction a certainement été faussée par la représentation inégale des hommes et des femmes et par une relation de pouvoir qui jusqu'à présent a été favorable aux hommes.

Le problème du temps est important pour tout le monde, mais, comme nous l'avons vu, plus particulièrement pour les femmes. C'est pourquoi il est important de réorganiser le temps de travail, trouver des formes de flexibilité favorables aux femmes, qui ne pénalisent pas leurs opportunités de carrière. A ce sujet, de nombreuses suggestions sont apportées, en particulier pour les médecins.

La recherche sur les femmes médecins d'Europe du Nord, à laquelle nous nous sommes déjà référés, recommande entre autres, dans ses conclusions, des structures d'horaires de travail plus flexibles, comme : des horaires échelonnés, des postes partagés, des programmes de temps partiels, des plans de congés et de partage du travail. Des suggestions semblables ont également été faites par la Commission sur le Statut des Femmes (1993) pour les Institutions de Santé Irlandaises. Heuwing (1992), dans l'article mentionné ci-dessus, suggère également d'introduire l'opportunité du travail à temps partiel à tous les niveaux des professions médicales.

En Allemagne, en 1994, le Congrès annuel de l'Association des Médecins Indépendants (Marburger Bund, 1994) souligne qu'il y a encore de nombreuses discriminations non résolues et des problèmes structurels qui empêchent l'égalité des chances parmi les médecins des deux sexes et que les femmes, du fait des difficultés rencontrées pour concilier les responsabilités familiales et professionnelles, finissent par choisir des postes de travail qui ne correspondent pas à leurs attentes. C'est pour toutes ces raisons que le Marburger Bund a approuvé une recommandation qui demande la réduction des heures de travail supplémentaires dans les hôpitaux, la satisfaction des demandes du personnel médical en matière de temps partiel et la modification des normes actuelles afin de permettre le travail à temps partiel dans la pratique générale.

Le Service National de Santé britannique, dans plusieurs publications sur le projet Opportunités 2000, étudie également différentes formes de flexibilité du temps de travail. Après avoir souligné les risques, pour le développement de la carrière, du choix du travail à temps partiel pour certaines femmes médecins, il suggère certaines formes de flexibilité du temps de travail aptes à réduire ces risques. Cela est vrai en particulier pour le travail partagé, qui représente la possibilité pour deux personnes de partager les responsabilités d'un poste à temps plein, en partageant le temps de travail. Ce système (d'après le NHS) permet de faire moins d'heures tout en conservant le statut, les bénéfices et les perspectives de carrière d'un poste à temps plein.

ooo

Dans les publications liées à Opportunité 2000, il est fait référence également à d'autres pratiques aptes à promouvoir les opportunités de carrière pour les femmes médecins : l'introduction de "tuteurs", c'est à dire la pratique de donner à des médecins plus anciens la responsabilité de suivre le développement de la carrière des jeunes médecins. Une des personnes que nous avons interrogées a donné un exemple de cette pratique : un programme de "tutorat" qui, dans une grande institution suédoise a eu des résultats positifs sur l'augmentation du nombre de femmes parmi les professeurs universitaires médicaux. D'autres expériences similaires ont donné de bons résultats : les femmes qui ont pris part à ces projets ont acquis une meilleure confiance en elles, une meilleure compréhension de leur rôle et la capacité de prendre de plus grandes responsabilités. De plus, à travers ce projet, les hommes ont eu l'occasion de découvrir à quel point le langage des femmes était différent. (Institut National Suédois de la Santé Professionnelle, 1994).

48

En accord avec les résultats de sa recherche, Walsh (1995) suggère également le recours au tutorat, qui peut fournir un cadre pragmatique de travail pour guider l'individu à la fois dans l'organisation de soins médicaux et dans la profession et en même temps qui peut faciliter les relations interprofessionnelles, qui, selon son étude, sont si importantes pour une carrière de dirigeant dans les institutions de santé. Il faut rappeler, qu'en fin de compte, pour ce qui est du tutorat, qu'il est important pour les femmes d'avoir d'autres femmes comme tuteur afin d'éviter de reproduire, à travers des modèles de rôles masculins, des styles de direction et de travail qui sont généralement typiquement masculins, réduisant ainsi dès le départ les possibilités de changement.

A cet égard j'aimerais mentionner que les suédoises interrogées ont rapporté la représentation relativement élevée des femmes dans la prise de décision en Suède, remarquant que cela a été un processus très long, qui est dû principalement à la participation des femmes dans la politique qui ont créé un système de soutien des femmes qui travaillent et de bons services de garde d'enfants. De plus, elles ont souligné l'importance de la culture d'égalité des chances qui est maintenant bien enracinée dans le pays. Cependant, pour ces mêmes personnes, même si les conditions des femmes en Suède sont meilleures que celles rencontrées dans les autres pays européens, cela ne signifie pas que tous les problèmes ont été résolus, parce que certains obstacles invisibles, "les plafonds de verre", sont toujours présents dans ce pays, en particulier dans le milieu universitaire et dans le secteur privé de l'économie.

ooo

Le dernier argument que je souhaiterais mentionner concerne l'importance de recueillir des données statistiques selon les sexes, et l'importance des recherches qui ont permis d'avoir connaissance de situations d'attribution inégale de pouvoir, pour comprendre les différences et les similitudes dans le comportement des deux sexes, dans les pratiques médicales, et dans la réaction aux produits de la pharmacologie. Nous avons fait état de nombreuses recherches menées dans les différents pays et en particulier en Suède. Ces recherches ont été signalées également par les personnes répondant à notre questionnaire en Suède, qui ont affirmé que les Autorités suédoises responsables de la recherche et des contrôles pharmacologiques ont développé des programmes spécifiques capables de vérifier les différences entre les sexes et d'agir en fonction. Sans connaissance, il n'est pas possible de prendre les décisions adéquates, la recherche fournit l'information, et la connaissance est la première étape vers le changement et vers une réorientation de la société.

Je rappellerai à ce sujet que plusieurs des personnes interrogées, à la fois dans le cadre de l'échantillon étudié et de l'étude qualitative, ont beaucoup apprécié notre recherche. Voici par exemple la remarque d'une personne d'Italie : "Cette attention que vous portez aux femmes est très intéressante ; c'est une des premières fois que l'on se penche sur la façon de penser des femmes, sur ses caractéristiques professionnelles. Cela représente une lueur d'espoir où se profile une nouvelle image du système ; nous pouvons prendre davantage de recul et constater que, à caractéristiques professionnelles et compétences égales, en réunissant les deux rôles, nous pouvons peut-être obtenir une vision des problèmes plus réaliste et plus claire". Une Suédoise a déclaré : "Je pense que votre recherche est très intéressante. Je pense que le fait même que vous fassiez ce type de recherche va contribuer à augmenter le nombre de femmes aux postes décisionnaires ; ce sera très intéressant de voir les résultats".

De notre côté, nous "remettons" ces appréciations à l'Unité pour l'Egalité des Chances de l'Union Européenne qui a lancé cette enquête. Nous rappelons que la contribution de l'Union est très importante pour encourager la recherche, la circulation de l'information, le développement de pratiques sérieuses (qui sont les objectifs du Quatrième Programme d'Action) et l'engagement pris avec le Traité de Maastricht sur les questions de Santé Publique (Titre X, article 129) pour mettre des actions en oeuvre, faire des recommandations et encourager la coopération entre les états membres.

BIBLIOGRAPHIE

Berthod-Wurmser M. (ed.), *La santé en Europe*, La Documentation Française, Paris 1994.

Beccalli B. , "Le azioni positive et l'amministrazione pubblica", dans AA.VV, *Le azioni positive : un primo bilancio - Quaderni della Fondazione Malagugini*, F. Angeli, Milan, 1993.

Beccalli B., "Comparable Works", dans *Pari e Dispari*, juin 1994.

Eduards M., "Participation des femmes et changement politique : le cas de la Suède", dans Ephesia, *La place des femmes. Les enjeux de l'identité et de l'égalité au regard des sciences sociales*, Paris, 1996.

Réseau Européen d'Experts, *Les femmes et la prise de décision* - Faits et chiffres sur les femmes dans la prise de décision politique et publique - construction de l'Europe, 2ème édition, 1994.

Parlement Européen, *Il sistema sanitario negli Stati membri della Comunità europea. Analisi comparativa*, Direzione generale degli studi, W-4, Strasbourg, mai 1993.

Fédération des Conseils de Comtés Suédois (Lena Eckerstrom), *Les femmes dirigeantes et politiciennes dans les Conseils de Comtés Suédois*. Stockholm, 1996.

Fédération des Conseils de Comtés Suédois, *Politique égalitaire*, Landstings Forbundet, Stockholm, 1996.

Ferrera M., *Modelli di solidarietà, Politica e riforme sociali nelle democrazie*, Il Mulino, Bologne, 1993.

Ferrera M., *La protection sociale dans les pays du sud de l'Europe sociale*, 1995, draft.

Flora P. - Heidenheimer A.J. (éd.), *The Development of Welfare States in Europe and America*, New Brunswick, Transactions, 1981.

Flora P. (éd.), *Growth to limits. The Western European Welfare States Since World War II*, volume 4 (appendix), de Gruyter, New York, 1987.

Gilley J. (éd.), *Women in General Practice*, General Medical Service Committee (BMA), Londres 1994.

Glatz, E. - Krajic K., *Berufschancen von Frauen im Gesundheistswesen*, (Gesundheit / Krankheit), Statistical Yearbook, Wien, 1995.

Granaglia, E., *Intervento pubblico e politica sanitaria*", dans P. Lange - M. Regini, *Stato e regolazione sociale. Nuove prospettive sul caso italiano*, Il Mulino, Bologne, 1987, page 304.

Comité Grec de Conseil sur la Santé, Ministère de la Santé, *Rapport sur l'organisation et la gestion des services de santé en Grèce*, Matériau sur le contexte, Athènes, avril 1994.

Gruppo Salute - Assessorato alla Dignità - Comune di Napoli, "Materiali del sottogruppo sulla salute mentale", dans *Atti del Convegno "Le donne nei luoghi decisionali"* Rome, 16.2.1996.

Haut Comité de la Santé Publique, *La santé des Français,* La Découverte, Paris, 1995.

Heuwing M., "Arztinnen : Uberall und imme mehr", dans *Deutsches Arzteblatt,* août 1992.

Korreman G., *Laeger og koen spiller det en rolle ?*, TemaNord, Nordisk Ministerrad, Kobenhavn, 1994.

INSEE, *Les femmes*, Service des droits des femmes, Paris, 1955.

Institute of Public Administration, *Administration Yearbook and Diary,* Dublin, 1995.

Jacobsson R. et Alfredsson K., *Equal Worth*, The Swedish Institute, Trelleborg, 1996.

Jones C., *Patterns of Social Policy. An introduction to comparative analysis* (chapt. 9 : "Health Care"), Tavistock pub., Londres, 1985.

Marburger Bund, "*Klinic, Karriere, Kinder - Arztinnen Zwischen Anspruch und Wirklichkleit*", Beschluss Nr. 1, Koln, 5.11.1994.

Muller S., "Familiengerchte Arbeitszeiten und Flexible Kinderbetreuung fur Artzinnen" dans *Arzte Zeitung*, 12 novembre 1994.

NHS Women's Unit, *Making your Career in Medicine*, Department of Health, Londres 1995.

NHS Women's Unit, *Managing beyond Gender. An Exploration of new management in the NHS,* Department of Health, Londres, 1994.

NHS Women's Unit, *Women in the NHS. Opportunity 2000*, Department of Health, Londres, 1996.

NHS Women's Unit, *Mentoring. A Guide*, Department of Health, London, 1996.

NHS Women's Unit, *Job Share. A Guide*, Department of Health, Londres, 1996.

OCDE, *Réforme de la santé. Analyse comparative de sept pays de l'OCDE,* Paris, 1992.

OCDE, *Les systèmes de santé des pays de l'OCDE. Faits et tendances*, 1960-1991. 2 voll. OCDE, Paris 1994.

Oldersma J., *The political construction of expertise.* Department of women's Studies. Unit of Leiden, 1992.

Oldersma J. - Janzen-Marquard M., *Has Socrates risen ?* Document préparé pour la conférence : "Les femmes et la politique publique : frontières fluctuantes entre le domaine public et le domaine privé", décembre 8-10, Leiden, 1994.

Statutory Office, *The Second Commission on the Status of Women Report to Government*, Dublin, 1993.

The Swedish National Institute of Occupational Health, *Women's Work and Health*, dans Forshning and Praktik (English Edition), $, 1994.

Tolleson Rinehart S., "Do women Leaders Make a Difference ? Substance, Style and Perceptions", dans *Gender and Policymaking. Studies of Women in Office*, Rutgers, University of New Jersey, 1991.

Vinay P., "Verso la parità nel lavoro e nella vita", dans *Prisma*, 37, mars 1995.

Vinay P., "La differenza di genere nell'approccio al lavoro e alla ricerca scientifica", dans David P., *Donne all'Università*, Istituto Gramsci Marche, Tecnoprint, Ancona, 1992.

Walsh A., "Gender Differences in Factors Affecting Health Care Administration Career Development", dans *Hospital and Health Services Administration*, 40:2, été 1995.

Commission européenne

Genre, pouvoir et changements dans le secteur de la santé dans l'Union européenne

Paola Vinay

Luxembourg: Office des publications officielles des Communautés européennes

1997 — 53 p. — 21 x 29,7 cm

ISBN 92-828-1363-0

Prix au Luxembourg (TVA exclue): ECU 15